社会防災の基礎を学ぶ

[自助・共助・公助]

前林清和
MAEBAYASHI KIYOKAZU

昭和堂

プロローグ

私たち人間は、できれば何事もなく、平穏で幸せに暮らしたいと願っている。しかし、その願いとは裏腹に、太古から災害や戦争などでかけがえのない命を奪われ、住処や仕事を無くし、生きるすべを物心ともに失ってしまうということが繰り返されてきた。その度に私たちは、その辛さや悲しさを乗り越えて生きてきたが、少しでも被害を少なくしたいという気持ちはすべての人間に共通の思いである。

また、歴史のなかで災害が、人間が営々と築き上げてきたインフラや社会システムを崩壊し、時の政権を弱体化、あるいは転覆させるなど、幾度となく社会の発展を阻害し、あるいは転換させてきたのである。

近代以降、日本では災害に対応するため、地震のメカニズムの研究やその予知、あるいは気象研究を通じての天気予報や台風情報などが発達してきた。また、法律も整備され、国として防災に尽力してきた。とくに、ハードの面では、河川の整備や防波堤の設置、建造物の耐震化などが進み、近年、多くの災害から人々の命と財産を守れるようになってきた。しかし、阪神・淡路大震災や東日本大震災によって、私たちは自然の猛威の前に立ちすくむことになった。阪神・淡路大震災では、激しい揺れに多くのビルが倒壊し、東日本大震災では大津波によって防波堤はいとも簡単に破壊され、町全体が流されてしまった。

私たち日本人は、このような経験を反省的に捉え、防災をもう一度見直さなければならない。どういうことかと言えば、現在の文明社会において、私たちは、日頃、科学技術と高度に整備されたさまざまなネットワークシステムのなかで暮らしているため、自然とは別の世界に生きていると勘違いをしてしまっているのではないだろうか。つまり、自然が遠い存在となった気になっているのである。そして、自然の驚異は人間の科学技術によって克服できる、あるいはコントロールできるであろうと漠然と思い込み、一部の専門家によって築き上げられてきたハード面の防災対策に依存しすぎてしまっているのだ。

もちろん、これまでも防災訓練や防災教育の必要性はいわれてきたし、実際にそれなりに行われてきてはいるが、これも一部を除けば大規模災害が起きてしばらくの間、話題にされるというのが実情である。

南海トラフ巨大地震や首都直下地震が危惧され、また気候変動の影響で局地豪雨が激烈になり、台風の巨大化が予想されるなか、私たちは「自然の一部としての人間」としてどのように生きるかという視点から防災のあり方を考えなければならない。つまり、ハードの整備と高度化はもちろん必要であるが、それ以上にソフトとしての防災教育や防災訓練のレベルアップを図ることが大切であり、さらにそれを多くの人々が災害時に行使できるように啓発・普及することが最重要課題なのである。ハードやソフトは専門家が開発し改善していくことで発展していくが、災害時にその効果を高めるためには、できるだけ多くの人々がソフトを使いこなすことができるように、防災力を身につけなければならないのだ。さらに、その防災力は社会貢献のマインドに根差したものでなければならない。なぜならば、災害時に自分や家族の命を守るだけではなく、被災した多くの人々を助け、あるいは支援しようというマインドを持っていてこそ、災害時の被害を最小限にとどめ、しかも早期の復旧・復興が実現できるのである。このことは、観点を変えれば、自助、共助、公助がそれぞれ最大限に機能しつつ、それらが有機的につながることでのみ実現可能となるのだ。

本書は、日本の災害の特徴と日本人の災害に対する精神性を検討したうえで、被災者や支援者の思想的根拠や実践について考え、災害時の支援の現状とあり方について国際的視野も含めて論じている。

一人でも多くの読者が、社会貢献に根差した防災力を身に付けるために基礎的な知識と考え方を学び、防災のリーダー的存在として災害時はもちろんのこと、日常においても使命感を持って活動されることを期待している。
最後に、編集にあたっては、昭和堂の神戸真理子氏にたいへんお世話になった。深甚の謝意を表したい。

二〇一六年二月

前林清和

社会防災の基礎を学ぶ——自助・共助・公助　◆目次◆

第１章

災害と日本人

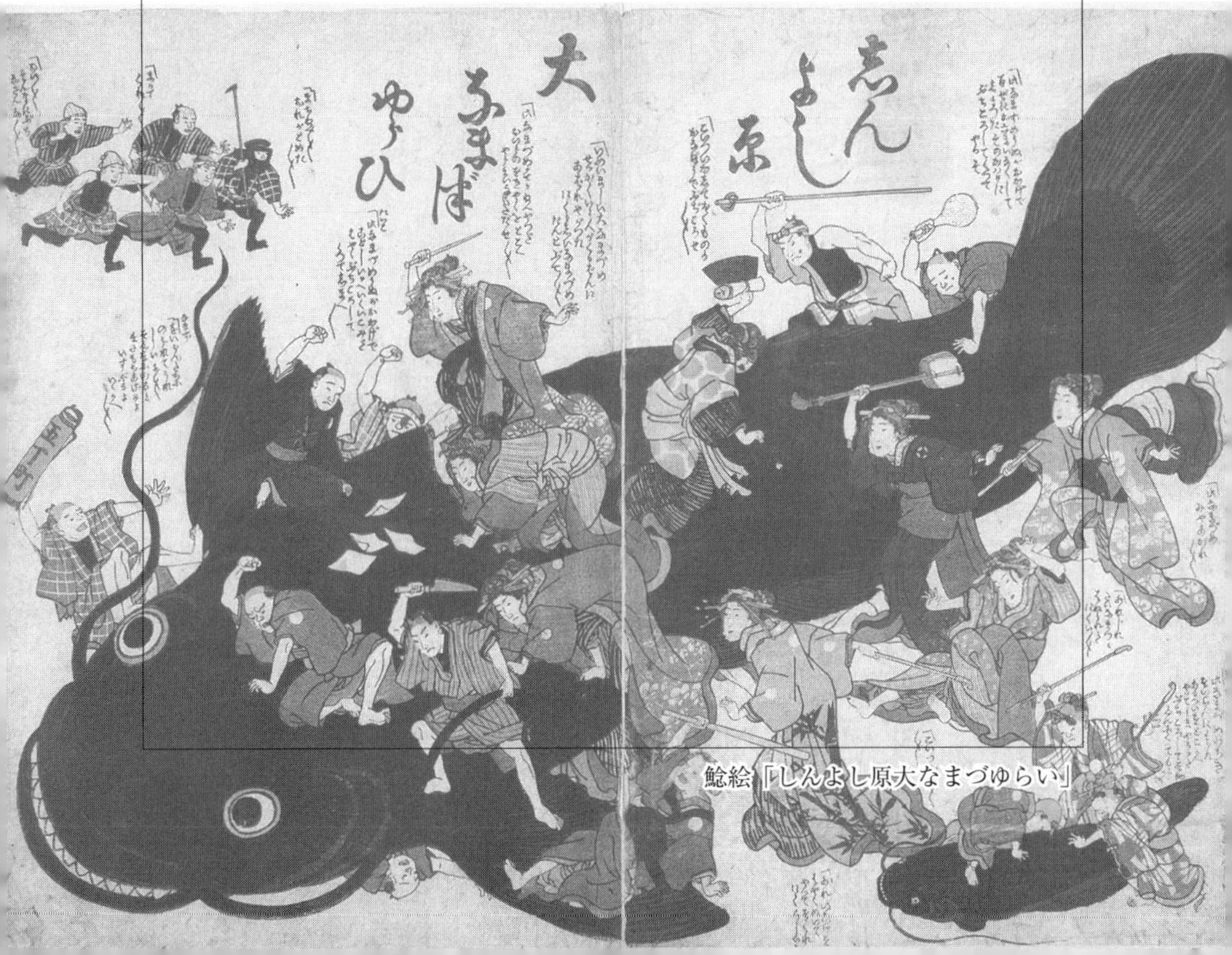

鯰絵「しんよし原大なまづゆらい」

［1］災害とは

そもそも災害とは、何なのか。災害の定義はいくつもあり確定したものはないが、わが国の「災害対策基本法（一九六一年制定）」では、「暴風、竜巻、豪雨、豪雪、洪水、崖崩れ、土石流、高潮、地震、津波、噴火、地滑りその他の異常な自然現象又は大規模な火事若しくは爆発その他その及ぼす被害の程度においてこれらに類する政令で定める原因により生ずる被害をいう」と定めている。また、「政令で定める原因」については、災害対策基本法施行令に、「放射性物質の大量の放出、多数の者の遭難を伴う船舶の沈没その他の大規模な事故とする」と記されている。また、戦争やテロなども災害として扱う場合がある。

つまり、災害とは自然現象の急激な変化や人為的な原因による大事故や戦争などの意図的破壊行為などによって、人間の命や生活に対して生ずる深刻な被害のことである。ただ、自然災害といっても人為的な原因が加わることで大災害になっている場合もよくある。

このように、災害とは人間に被害が及ぶことが前提であり、たとえばいくら大きな地震がおきても、いくら台風で風が吹き荒れても、そこに人間がいなければ、単なる天変地異にすぎない。つまり、災害とは自然現象であろうが、人的なものであろうが、何かの事象が原因で人間や社会に大きな被害が引き起こされることである。

［2］日本と災害

わが国は、世界でも有数の災害大国である。国連大学が出している「ワールドリスク報告書　二〇一四」[1]には自然災害に遭いやすい国かどうか（被災可能性）で、日本は世界で四位に位置づけられている。上位一五ヶ国のうち、日本とオランダを除くすべての国は開発途上国であり、日本が先進国のなかでいかに災害が起こりやすい国かということがわかる。そして、自然災害のリスクの高さについても世界で一七位となっている。つまり、日本は自然災害に襲われやすく、その際のリスクも相当高いと言わざるを得ないのである。

次に、災害の種類であるが、まず思い浮かぶのが、地震、それに伴う津波、台風、豪雨、土砂崩れ、洪水、火山噴火、豪雪による災害などがあり、枚挙にいとまがない。そして、その頻度は、それぞれの災害が毎年のように、しかも時には複数回起こり、全国各地で多くの被害を引き起こしている。

ここでは、それぞれの災害について、歴史を紐解きながらみていきたい。

1　地震・津波

わが国の国土は、世界全体の陸地のわずか〇・三パーセントでしかない。しかし、マグニチュード六以上の地震の発生数は、世界の約二〇パーセントにもなる。

なぜ、そんなに地震が多いのかといえば、日本周辺では、海のプレートである太平洋プレート、フィリピン海

表 1-1　古代から近世の地震災害の一覧（1）

年	地域・もしくは名	M	津波	被害状況
684	土佐その他 南海・東海・西海地方	8 ¼	あり	河湧き、家屋社寺の倒潰、人畜の死傷多数。津波来襲して土佐の船多数沈没、土佐の田苑 12㎢沈下して海となった。南海トラフ沿いの巨大地震と思われる。
869	三陸沿岸 『貞観の三陸沖地震』	8.3	あり	城郭、倉庫、門櫓、垣壁など崩れ落ち倒壊するもの無数。津波が多賀城下を襲い、溺死約 1 千。三陸沖の巨大地震とみられる。
887	五畿・七道	8.0 ～ 8.5	あり	京都で民家・官舎の倒潰多く圧死多数。津波が沿岸を襲い溺死多数、特に摂津の被害が大きかった。南海トラフ沿いの巨大地震と思われる。
1096	畿内、東海道	8.0 ～ 8.5	あり	京都の諸寺に被害あり、近江の勢多橋落ちる。津波が伊勢・駿河を襲い、駿河で社寺・民家の流失 400 余。東海沖の巨大地震とみられる。
1293	鎌倉	7.0	なし	鎌倉強震、建長寺ほとんど炎上のほか、諸寺に被害あり、死数千あるいは 2 万 3 千余。
1498	東海道全般	8.2 ～ 8.4	あり	震害はそれほどでもないが、津波が紀伊から房総の海岸を襲い、溺死者伊勢で 5 千、伊勢・志摩で 1 万、静岡県志太群で 2 万 6 千など。南海トラフ沿いの巨大地震とみられる。
1596	畿内	7 ½	なし	京都で被害が多く、伏見城天守大破、石垣崩れ圧死約 500、諸寺・民家の倒潰も多く死者多数。堺で死 600 余。奈良・大阪・神戸でも被害が多かった。
1605	東海・南海・西海諸道 『慶長地震』	7.9	あり	地震の被害としては淡路島で千光寺の諸堂倒れ仏像が飛散したとあるのみ。津波が犬吠埼から九州までの太平洋岸に来襲して、阿波宍喰で波高 2 丈、死 1500 余など、死者多数。ほぼ同時に 2 つの地震が起こったという考えと東海沖の 1 つの地震とする考えがある。
1611	会津	6.9	なし	若松城下とその付近で社寺・民家の被害が大きく、死 3700 余、山崩れが会津川・只見川を塞ぎ南北 60km の間に多数の沼を作った。
1611	三陸沿岸および 北海道東岸 『慶長の三陸沖地震』	8.1	あり	三陸地方で強震、震害は軽く、津波の被害が大きかった。伊達領内で死 1,783、南部・津軽で人馬の死 3 千余という。三陸沿岸で家屋の流出が多く北海道東部で溺死が多かった。1933 年の三陸地震津波に似ている。
1662	日向・大隅	7 ½～ 7 ¾	あり	日向灘沿岸に被害、城の破損、潰家多く、死者あり。山崩れ、津波を生じ、宮崎県沿岸 7 ヶ村周囲 7 里 35 町の地が陥没して海となった。日向灘の地震の中でも特に被害が大きかった。
1666	越後西部	6 ¾	なし	積雪 14 ～ 15 尺のときに地震。高田城破損、侍屋敷 700 余潰れ、民家の倒潰も多かった。夜火災、死者約 1,500。
1703	江戸・関東諸国 『元禄地震』	7.9 ～ 8.2	あり	相模・武蔵・上総・安房で震度大。特に小田原で被害が大きく城下は全滅、12 ヶ所から出火、壊家 8 千以上、死 2,300 以上。東海道は川崎から小田原までほとんど全滅し、江戸・鎌倉などでも被害が大きかった。津波が犬吠埼から下田の沿岸を襲い、死者数千。1923 年関東地震に似た相模トラフ沿いの巨大地震と思われるが、地殻変動はより大きかった。
1707	五畿・七道 『宝永地震』	8.6	あり	我が国最大級の地震の 1 つ。全体で少なくとも死者 2 万、潰家 6 万、流出家 2 万。震害は東海道、伊勢湾、紀伊半島で最も酷く、津波が紀伊半島から九州までの太平洋沿岸や瀬戸内海を襲った。津波の被害は土佐が最大、室戸・串本・御前崎で 1 ～ 2 m隆起し、高知市の東部の地約 20㎢が最大 2m 沈下した。遠州灘沖および紀伊半島沖で 2 つの巨大地震が同時に起こったとも考えられる。

表 1-1　古代から近世の地震災害の一覧（2）

年	地域・もしくは名	M	津波	被害状況
1741	渡島西岸・津軽・佐渡		あり	渡島大島この月の上旬より活動、8月13日に噴火した。19日早朝に津波、北海道で死1,467、流失家屋729、船1,521破壊。津軽で田畑の損害も多く、流失潰家約100、死37。佐渡・能登・若狭にも津波。
1766	津軽	7 ¼	なし	弘前から津軽半島にかけて被害が大きかった。弘前城破損、各地に地割れ、津軽藩の被害（社寺含まず）は、潰家5千余、焼失200余、圧死約1千、焼死約300。
1771	八重山・宮古両群島『八重山地震津波』	7.4	あり	震害はなかったようである。津波による被害が大きく、石垣島が特にひどかった。全体で家弥流失2千余、溺死約1万2千。
1792	雲仙岳	6.4	あり	前年10月から始まった地震が11月10日頃から強くなり、山崩れなどで度々被害があった。4月1日に大地震2回、前山（天狗山）の東部が崩れ、崩土0.34㎢が島原海に入り津波を生じた。対岸の肥後でも被害が多く、津波による死者は全体で約1万5千。「島原大変肥後迷惑」と呼ばれた。
1793	陸前・陸中・磐城	8.2	あり	仙台領内で家屋損壊1千余、死12。沿岸に津波が来て、全体で家潰流失1,730余、船流破33、死44以上。余震が多かった。宮城県沖の巨大地震と考えられる。
1828	越後	6.9	なし	激震地域は信濃川流域の平地。三条・見付・今町・与板などで被害が大きかった。武者によると全体で全潰9,808、焼失1,204、死1,443であるが、実際はもっと多かったらしい。地割れから水や砂の噴出がみられたり、流砂現象がみられた。
1847	信濃北部および越後西部『善光寺地震』	7.4	なし	被害範囲は高田から松本に至る地域で、特に水内・更級両群の被害が最大だった。松代領で潰家9,550、死2,695、飯山領潰家1,977、死586。善光寺領で潰家2,285、死2,486など。全国からの善光寺の参詣者7千～8千のうち、生き残った者約1割という。山地で山崩れが多く、松代領では4万ヶ所以上、虚空蔵山が崩れて犀川をせき止め、上流は湖となったが、4月13日に決壊して流出家屋810、流死100余。
1854	東海・東山・南海諸道『安政東海地震』	8.4	あり	被害は関東から近畿に及び、特に沼津から伊勢湾にかけての海岸がひどかった。津波が房総から土佐までの沿岸を襲い、被害を更に大きくした。この地震による居宅の潰・焼失は約3万軒、死者は2千～3千と思われる。沿岸では著しい地殻変動が認められた。地殻変動や津波の解析から、震源域が駿河湾深くまで入り込んでいた可能性が指摘されており、すでに100年以上経過していることから、次の東海地震の発生が心配されている。
1854	畿内・東海・東山・北陸・南海・山陰・山陽道『安政南海地震』	8.4	あり	東海地震の32時間後に発生。近畿付近では2つの地震の被害をはっきりとは区別できない。被害地域は中部から九州に及ぶ。津波が大きく、波高は串本で15m、久礼で16m、種崎で11mなど。地震と津波の被害の区別が難しい。死者数千、室戸・紀伊半島は南上がりの傾動を示し、室戸・串本で約1m隆起。甲浦・加太で約1m沈下した。
1855	江戸および付近『江戸地震』	7.0 ～ 7.1	なし	下町で特に被害が大きかった。地震後30余ヶ所から出火したが、風が静かで焼失面積は2.2㎢にとどまった。江戸町方の被害は、潰れ焼失1万4千余軒、死4千余、武家方には死約2,600などの被害があり、合わせて死は1万とも、瓦版が多数発行された。

（参考：国立天文台編『理科年表』）

表 1-2　近代以降の地震災害の一覧（1）

年	地域もしくは名	M	津波	被害状況
1891	岐阜県西部 『濃尾地震』	8.0	なし	仙台以南の全国で地震を感じた。我が国の内陸地震としては最大のもの。建物全潰 14 万余、半潰 8 万余、死 7,273、山崩れ 1 万余。根尾谷を通る大断層を生じ、水鳥で上下に 6m、水平に 2m ずれた。余震でも家屋破損などの被害があった。
1896	三陸沖 『三陸沖地震』	8.2	あり	震害はない。津波が北海道より牡鹿半島にいたる海岸に襲来し、死者総数は 2 万 1,959。家屋流失全半潰 8 ～ 9 千、船の被害約 7 千、波高は、吉浜 24.4m、綾里 38.2m、田老 14.6m など。津波はハワイやカリフォルニアに達した。M は津波を考慮したもの。
1911	奄美大島付近 『喜界島地震』	8.0	あり	有感域は中部日本に及び、喜界島・沖縄島・奄美大島に被害があった。死 12、家屋全潰 422。この地域最大の地震。
1918	ウルップ島沖	8.0	あり	沼津まで地震を感じる。津波の波高、ウルップ島岩美湾で 6 ～ 12m、根室 1m、父島 1.5m など。ウルップ島で溺死 24。
1923	神奈川県西部 『関東地震』 『関東大震災』	7.9	あり	東京で観測した最大振幅 14 ～ 20cm、地震後火災が発生し被害を大きくした。全体で死・不明 10 万 5 千余、住家全潰 10 万 9 千余、半潰 10 万 2 千余、焼失 21 万 2 千余（全半潰後の焼失を含む）。山崩れ・崖崩れが多い。房総方面、神奈川南部は隆起し、東京付近以西・神奈川北方は沈下した。相模湾の海底は小田原—布良線以北は隆起、南は沈下した。関東沿岸に津波が襲来し、波高は熱海で 12m、相浜で 9.3m など。
1927	京都府北部 『北丹後地震』	7.3	なし	被害は丹後半島の頸部が最も激しく、淡路・福井・岡山・米子・徳島・三重・香川・大阪に及ぶ。全体で死 2,925、家屋全潰 1 万 2,584（住家 5,106、非住家 7,478）。郷村断層（長さ 18㎞、水平ずれ最大 2.7m）とそれに直交する山田断層（長さ 7㎞）を生じた。測量により、地震に伴った地殻の変形が明らかになった。
1933	三陸沖 『三陸沖地震』	8.1	あり	震害は少なかった。津波が太平洋岸を襲い、三陸沿岸で被害は甚大、死・不明 3,064、家屋流失 4,034、倒潰 1,817、浸水 4,018。波高は綾里湾で 28.7m にも達した。日本海溝付近で発生した巨大な正断層型地震と考えられている。
1943	鳥取県東部 『鳥取地震』	7.2	なし	鳥取市を中心に被害が大きく、死 1,083、家屋全壊 7,485、半壊 6,158。鹿野断層（長さ 8㎞）、吉岡断層（長さ 4.5㎞）を生じた。地割れ・地変が多かった。
1944	紀伊半島沖 『東南海地震』	7.9	あり	静岡・愛知・三重などで合わせて死・不明 1,223、住家全壊 1 万 7,599、半壊 3 万 6,520、流失 3,129。遠く長野県諏訪盆地での住家全壊 12 などを含む。津波が各地に襲来し、波高は熊野灘沿岸で 6 ～ 8m、遠州灘沿岸で 1 ～ 2m。紀伊半島東岸で 30 ～ 40m 地盤が沈下した。

表 1-2　近代以降の地震災害の一覧（2）

年	地域もしくは名	M	津波	被害状況
1945	三河湾 『三河地震』	6.8	あり	規模の割に被害が大きく、死 2,306、住家全壊 7,221、半壊 1 万 6,555、非住家全壊 9,187。特に幡豆郡の被害が大きかった。深溝断層（延長 9km、上下ずれ最大 2m の逆断層）を生じた。津波は蒲郡などで 1m など。
1946	紀伊半島沖 『南海地震』	8.0	あり	被害は中部以西の日本各地にわたり、死 1,330、家屋全壊 1 万 1,591、半壊 2 万 3,487、流失 1,451、焼失 2,598。津波が静岡県より九州に至る海岸に来襲し、高知・三重・徳島沿岸で 4 ～ 6m に達した。室戸・紀伊半島は南上がりの傾動を示した。室戸で 1.27m、潮岬で 0.7m 上昇、須崎・甲浦で約 1m 沈下。高知付近で田園 15㎢が海面下に没した。
1948	福井県嶺北地方 『福井地震』	7.1	なし	被害は福井平野およびその付近に限られ、死 3,769、家屋全壊 3 万 6,184、半壊 1 万 1,816、焼失 3,851。土木構築物の被害も大きかった。南北に地割れの連続としての断層（延長約 25km）が生じた。
1952	釧路沖 『十勝沖地震』	8.2	あり	北海道南部・東北北部に被害があり、津波が関東地方に及ぶ。波高は北海道で 3m 前後、三陸沿岸で 1 ～ 2m、死 28、不明 5、家屋全壊 815、半壊 1,324、流失 91。
1958	択捉島付近	8.1	あり	釧路地方で電信線・鉄道・道路に小被害があった。太平洋岸各地に津波があり、小被害。
1963	択捉島付近	8.1	あり	津波があり、三陸沿岸で軽微な被害。花咲で 1.2m、八戸で 1.3m など。
1995	淡路島付近 『兵庫県南部地震』 『阪神・淡路大震災』	7.3	なし	活断層の活動によるいわゆる直下型地震。神戸、洲本で震度 6 だったが、現地調査により淡路島の一部から神戸市、芦屋市、西宮市、宝塚市にかけて震度 7 の地域があることが明らかになった。多くの木造家屋、鉄筋コンクリート造、鉄骨造などの建物のほか、高速道路、新幹線を含む鉄道線路なども崩壊した。被害は死 6,434、不明 3、傷 4 万 3,792、住家全壊 10 万 4,906、半壊 14 万 4,274、全半焼 7,132 など。早朝であったため、死者の多くは家屋の倒壊と火災による。
2003	釧路沖 『十勝沖地震』	8.0	あり	太平洋プレート上面の逆断層型プレート境界地震で、1952 年とほぼ同じ場所。死 1、不明 1、傷 849、住家全壊 116、半壊 368。最大震度 6 弱（道内 9 町村）、北海道および本州の太平洋岸に最大 4m 程度の津波。
2011	三陸沖 『東北地方太平洋沖地震』 『東日本大震災』	9.0	あり	日本海溝沿いの沈み込み帯の大部分、三陸沖中部から茨城県沖までのプレート境界を震源域とする逆断層型超巨大地震（深さ 24km）。3 月 9 日に M7.3 の前震、震源域内や付近の余震・誘発地震は M7.0 以上が 6 回、M6.0 以上が 97 回、死 1 万 8,958、不明 2,655、傷 6,219、住家全壊 12 万 7,291、半壊 27 万 2,810（余震・誘発地震を一部含む；2014 年 3 月現在）。死者の 90％以上が水死で、原発事故を含む被害の多くは巨大津波（現地調査によれば最大約 40m）によるもの。最大震度 7（宮城県栗原市）。

（参考：国立天文台編『理科年表』）

プレートが、陸のプレートである北米プレートとユーラシアプレートの方に向かって一年間に数センチメートルの速度で動いており、陸のプレートの下に沈み込んでいる。このために日本の周辺では、四つのプレートによって複雑な力がかかっており、世界でも有数の地震多発地帯となっているのである。具体的には、プレート間地震や海洋プレート内地震、陸域の浅い地震（活断層）、さらには火山活動による地震が頻繁に起こっているのだ。その中で、プレート間地震やプレート内地震のように海底下で大きな地震が発生すると津波が発生するのである[2]。

記憶に新しい地震災害としては、阪神・淡路大震災や東日本大震災があり、それぞれ未曾有の災害と称されているが、歴史的に見ると大震災やそれに伴う大津波による災害がくり返し起きているのだ。

表1-1や表1-2を見てもわかるように地震や津波は頻繁に起こっており、むしろ、阪神・淡路大震災が起きるまでの約四〇年間、大きな地震災害が起こらなかったことの方が珍しいといえよう。この期間は、わが国が奇跡的な経済成長を成し遂げた時期と重なっている。このことは基本的には幸運なことであるが、私たち日本人が地震の恐ろしさを実感として忘れてしまった時期ともいえるのではないだろうか。この時期に、わが国は原子力発電を手掛けてきたのである。

現在は、地震活動期に入ったといわれ、これからも大きな地震が頻発する可能性が高い。とくに、首都直下地震や南海トラフ巨大地震は近い将来、確実に起こると予想されている。

2 台風

日本は、台風の通り道といわれるほど、毎年、台風の被害に見舞われている（表1-3）。台風は、北西太平洋や南シナ海に存在する最大風速一七・二メートル以上の熱帯低気圧のことで、年間、平均二五・六個発生し、そ

表1-3　主な台風一覧

年	名前	被害地域	主な被害
1942		九州～近畿（特に山口）	死者891、不明267、負傷1,438、住家10万2,374、浸水13万2,204、耕地2万6,846、船舶3,936
1943		九州～中国（特に島根）	死者768、不明202、負傷491、住家2万1,587、浸水7万6,323、耕地5万8,092
1945	枕崎台風	西日本（特に広島）	死者2,473、不明1,283、負傷2,452、住家8万9,839、浸水27万3,888、耕地12万8,403
1947	カスリーン台風	東海以北	死者1,077、不明853、負傷1,547、住家9,298、浸水38万4,743、耕地1万2,927
1948	アイオン台風	四国～東北（特に岩手）	死者512、不明326、負傷1,956、住家1万8,017、浸水12万35、耕地11万3,427、船舶435
1950	ジェーン台風	四国以北（特に大阪）	死者336、不明172、負傷1万930、住家5万6,131、浸水16万6,605、耕地8万5,018、船舶2,752
1951	ルース台風	全国（特に山口）	死者572、不明371、負傷2,644、住家22万1,118、浸水13万8,273、耕地12万8,517、船舶9,596
1954	洞爺丸台風	全国	死者1,361、不明400、負傷1,601、住家20万7,542、浸水10万3,533、耕地8万2,963、船舶5,581、大火
1958	狩野川台風	近畿以北（特に静岡）	死者888、不明381、負傷1,138、住家1万6,743、浸水52万1,715、耕地8万9,236、船舶260
1959	伊勢湾台風	全国（九州を除く）	死者4,697、不明401、負傷3万8,921、住家83万3,965、浸水36万3,611、耕地21万859、船舶7,576

（参考：国立天文台編『理科年表』）

のうち一一・四個が日本に接近し、二・七個が上陸している（一九八一年～二〇一〇年）。とくに、七～九月に集中しており、毎年、多くの被害を出している。[3]

台風の被害は、暴風や風による建物や樹木の倒壊といった風害だけではなく、高潮、高波、落雷、大雨による洪水や浸水、土砂崩れ、地滑りなど多様な被害が発生する。

3　水害

日本は、世界でも多雨地帯であるモンスーンアジアの東端に位置し、年間平均一七一八ミリメートルの降水量があり世界で三番目によく雨が降る。これは、世界平均の約二倍に相当する。その上、梅雨や台風の時期に集中しているため水害が起こりやすいのである。さらに、近年、温暖化の影響もあって、一時間に一〇〇ミリを超える集中豪雨が各地で頻繁に起こっている。

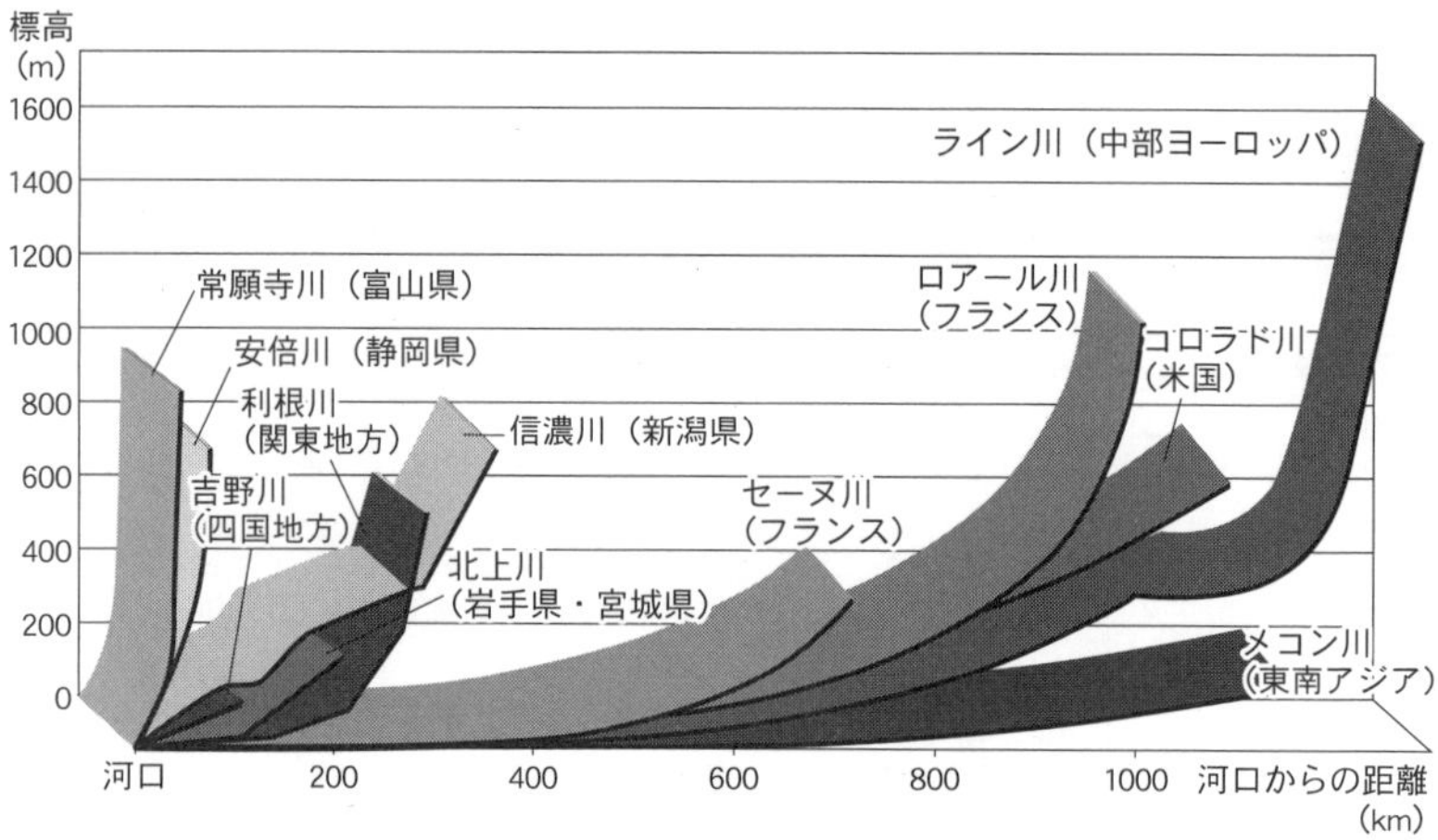

図 1-1　諸外国と比べて急こう配の日本の河川
（国土交通省ＨＰより）

しかも、日本列島は標高二〇〇〇メートルから三〇〇〇メートルの脊梁山脈が縦貫しており、河川が急こう配で距離が短く流域面積も少ないため、短時間で増水し、洪水の危険性がきわめて高い（図１‐１）。たとえば、利根川の場合、洪水時の流量が平常時の流量の一〇〇倍に達するのに対し、アメリカのミシシッピ川では三倍、ヨーロッパのドナウ川では四倍にしかならない[4]（図１‐２）。

4　土砂災害

わが国では、平均して一年間に約一〇〇〇件もの土砂災害が発生している。土砂災害には、大雨や地震による崖崩れ、土石流、地滑り、火山の噴火に伴う溶岩流、火砕流、火山泥流などがある。わが国は、傾斜が急な山が多く、先に述べたように台風や大雨、地震などの災害が多いため土砂災害が発生しやすい国土環境にある（図１‐３）。したがって、ほとんどの都道府県で土砂災害が発生しており、土砂災害が発生するおそれのある危険箇所は日本全国で約五三万ヶ所もある[5]。

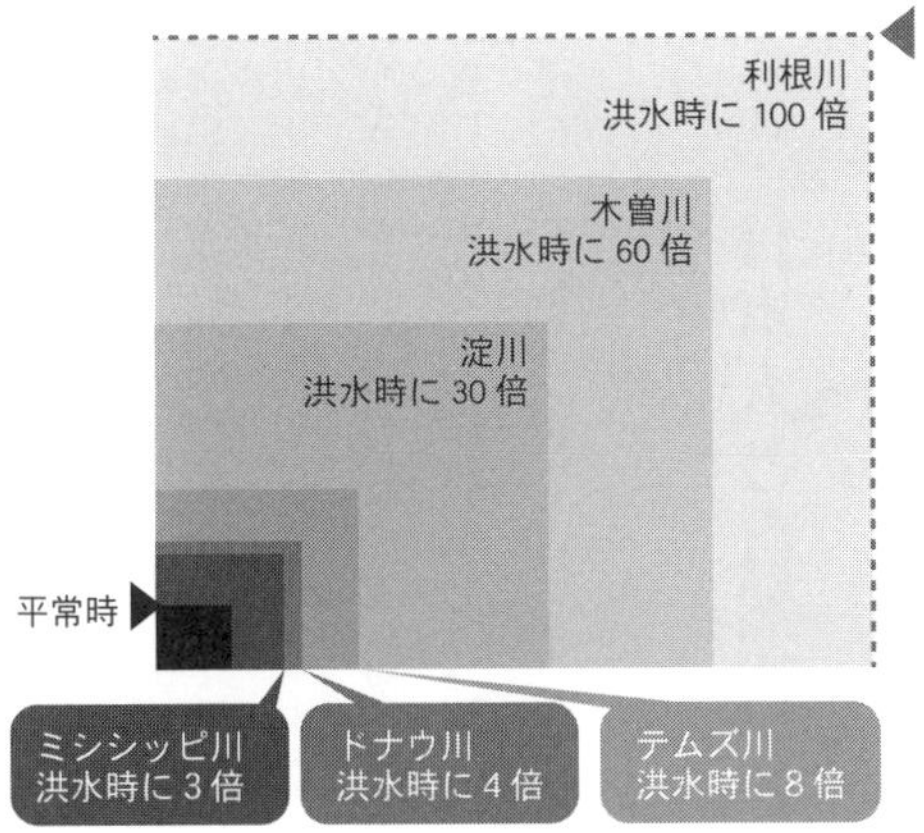

図 1-2　洪水時と平常時の流量比較

（国土交通省ＨＰより）

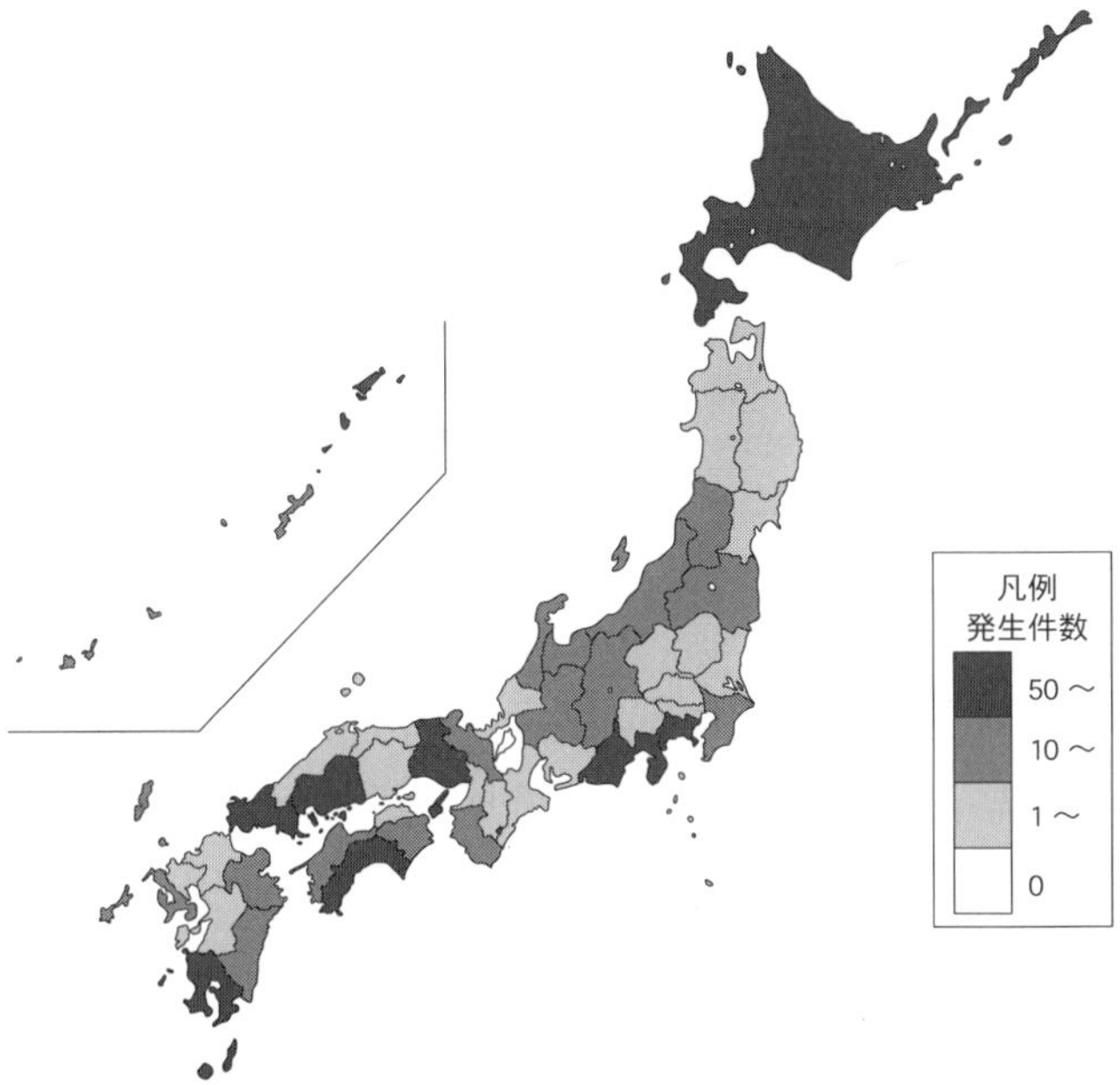

図 1-3　2014 年（平成 26 年）の各地の土砂災害発生件数

（資料提供：国土交通省）

（内閣府ＨＰ「防災情報のページ」[http://www.bousai.go.jp/] より）

5　火山災害

わが国には、この狭い国土の中に活火山が一一〇もある。世界に約一五〇〇の活火山があるといわれているので、そのうち七パーセント以上が日本にあることになる。火山の噴火は、さまざまな被害を引き起こす。その主なものは、大きな噴石、火砕流、融雪型火山泥流、溶岩流、小さな噴石・火山灰、火山ガスなどがある。さらに、噴火による山腹が崩壊し海に土石が流入、あるいは海底火山の噴火によって津波が発生する場合もある。

火山噴火は、近年、起こっていなかったが、東日本大震災以降、全国各地で火山噴火が相次いでおり、「大規模噴火の準備段階」に入った可能性もあるといわれている。一一〇の活火山のうち、四七の火山は一〇〇年程度の間に噴火の可能性があるとされ、警戒が必要である(6)。

そのほかにもわが国では、近年多発している竜巻、大雪による雪害なども毎年深刻な被害を引き起こしている。

［3］日本人と自然観、災害観

今みてきたように、私たち日本人は常に、災害に見舞われてきた。それにもかかわらず、「災害は忘れた頃にやってくる」といわれるように、私たちはすぐに過去の災害を忘れてしまう。しかも、ほんの三〇～五〇年前の災害すら、実際に大きな被害を被った人以外の多くの人々は日常生活のなかで記憶の彼方へ追いやってしまっている。また来るであろう災害に対して備えをしなければならないのに、なぜ忘れるのだろう。

そこには、あまりにも災害が多いから「災害は当たり前のこと」「自然のなす業でいちいち気に留めていてもしかたがない」という考え方が、私たち日本人の心の中に根付いているのではないだろうか。

ここでは、日本人の自然観、災害観について考えてみよう。

1　自然観

(1) 西洋的自然観と東洋的自然観

日本人の自然観を明らかにするために、まず西洋的な自然観と東洋的な自然観の特徴を明らかにすることからはじめよう。

西洋の自然観の中核をなすのは、中世におけるキリスト教的自然観である。

キリスト教は、一神教であり、神はすべての創造主で唯一絶対の存在であるとする。人間も自然も世界のありとあらゆるものが神によって造られたのだ。旧約聖書の「創世」に、神は天地や動植物などの自然を創世し、最後に自然を支配して統治する存在として人間を造ったとある。つまり、キリスト教的自然観は、絶対的な存在としての神、その下に自然を支配する人間、そして最も下位に自然という構造である。したがって、中世では、自然は人間が利用するために創られているという観念がヨーロッパ人の意識の中に浸透していたのである。

近世になり、キリスト教的自然観の基礎の上に立ちながらも、キリスト教の信仰に依存して真理を獲得するという中世の考え方を脱却した思想が、フランス生まれの大哲学者で近世哲学の祖と言われるルネ・デカルト（一五九六〜一六五〇年）により唱えられた。それは、自然と人間を別の物として捉える物心二元論であり、自然と人間を対立するものと捉えたのである。それでは、もう少し詳しくみてみよう。

デカルトは、「長さ幅および深さある延長は、物体的実体の本性を構成し、思惟は思惟実体の本性を構成する」[7]と述べ、精神と物質は本来的に異なるものとして規定した。このデカルトの世界観、人間観が、自然科学に則った近代文明の驚異的な発展の思想的根拠となり、現代の科学技術や医学の発展に大きく貢献してきた。もともとキリスト教では人間は霊魂と肉体からなり、霊魂を崇高なもの、肉体を卑しいものとして捉えてきた。近代に入りデカルトは宗教的観点からではなく哲学的な考察に基づく世界観・身体観を構築したが、やはりキリスト教の伝統を引き継いだといえる。

では、なぜこの二元論が、近代文明を作り上げてきたのか。デカルト以前の世界観は、物質には霊魂が宿っており、自然は生きているというアニミズム的世界観であった。このアニミズム的世界観を思想的に克服したのが、デカルト的二元論なのである。精神と物質を原理的にまったく別の物として区別したことにより、自然や自然現象を霊的なものから切り離し、定量的に、数学的に扱い、測定・実験することで世界のあらゆる事物をすべて因果関係によって科学的に説明する態度と方法が確立したのである。たとえば、かつてドイツの森には妖精がいた。したがって、むやみに森の木を切れば、罰が当たると信じられていた。しかし、この空間に三次元で存在する物は物体でしかない。つまり、精神、あるいは神や霊は空間には存在しないのである。そうなると話は違う。森は単なる物体であり、その物体としての自然を人間が何をしようが勝手である。罰が当たることもない。本来、自然は人間によって克服できるものなのだ。そういうことで、人々は欲望のおもむくまま、豊かさと便利さを求めて、森を切り開きどんどん住処をふやし、町をつくり、工場をたて、交通網をめぐらしてきた。また、物体ひとつにしても、それまでは姿形や重量が同じでも、それぞれに固有の霊が宿っていると考えられていたため、それぞれが違うものであると考えられていた。しかし、物は物でしかなくなったため、測定値が同じならば、すべて同一の物とみなすことができるようになった。このことで、自然科学が急激に発達したのである。

この考えに基づいて多くの学者が、自然を客観的に分析して原理や法則を発見するようになった。そして、自然科学では、自然は明確に人間と切り離され、神や生命とも無縁のものとして機械的な法則によって動くだけのものとみなされるようになったのである。これを機械論的自然観という。機械論的自然観は近代自然科学の発展に大きく寄与し、科学や技術の飛躍的な発展と産業化を生んだのだ。このことは、観点を変えると、人間が自然と対峙し、自然を支配・管理し、自然を破壊しながら利用するという人間にとっての利益誘導型の自然観と捉えることができる。このような自然観に基づく現代は、私たちに豊かな生活や便利な社会をもたらしてくれたと同時に、地球環境問題や生命倫理問題を生じさせている。たとえば、地球環境問題としては、工場から排出される汚染物質による大気汚染や水質汚濁など、豊かさや便利さの追求が皮肉にも人間が住みづらい環境を生み出しているのである。また、生命倫理問題としては、医学の発展により生み出されたクローンや代理出産などが人間の存在そのもののあり方の根底を覆そうとしている。

それに対して、東洋はアニミズム的宗教観・自然観で彩られている。どういうことかといえば、この世はありとあらゆるものに神や精霊が宿っているという観念である。そのなかでも、わが国の宗教観は特徴的である。神道は「八百万の神」というように世界には無数の神々がいると考えられている。いわゆる多神教である。それらは、自然崇拝による自然神や日本神話の神々、人格神などがある。自然崇拝とは、最も原初的な宗教観で、自然物や自然現象そのものを崇める宗教意識である。たとえば、天や大地、太陽、月、火、山、石、岩、生殖器などが神とされた。また、これらの自然崇拝は、人間や動物、植物、石など万物に精霊や霊魂が宿るとするアニミズムとも関連が深く、共に広く信仰されてきたのである。また、天皇や政治家、文化人、軍人、学者なども人格神として祀られてきたし、祖先の霊を信仰する祖霊信仰もある。さらに、神道だけではなく陰陽道（道教）の神々や民俗信仰の神々、大乗仏教の仏や、仏教由来の神や習合神など、さまざまな神的なものを神と捉え、それらをも含めて八百万の神としたのである。

このようにわが国の自然は無数の神によって彩られており、「日本人は、神は人間以上の力をもつが、人びとを威圧して支配することはないと考えてきた。神も人間も平等な価値をもつ霊魂とされたからだ[8]」というように神とともに生きてきたのである。このように日本では、自然と神、人間が隔絶した関係ではなく不可分のものとして捉えられてきたのである。

一方、思想的にも東洋、とくに東アジアでは自然がそのまま真理であり、人間も自然の一部であるということを前提とした気に基づく一元論的自然観が展開されてきた。中国では、古代より気は天地万物すべての根源とみなされ、宇宙はすべて気で構成され機能しているという宇宙論、世界観が構築されていた。天地万物には、もちろん人間も含めてすべての生命が含まれている。したがって、人間も気によって出来ており、心の働きも気によるものと考えられてきた。たとえば、中国の古典である『周易』には、「一陰一陽之謂道[9]」とある。この意味は、天地万物すべてが陰と陽の二つの気が対立して変化交替するなかで存在し機能しており、その陰と陽の働きの法則やパターンを道というのである。この陰と陽は気の状態の違いによるものであり、つまるところ世界のすべての事象は気の変化によるものとする。もう少し詳しくいえば、陰の状態の気と陽の状態の気の組み合わせで、世界のあらゆる物が作られ、また変化、作用していると考えられてきたのである。たとえば、陽の気は上にあがり陰の気は下にさがるとか、天は陽で地は陰とか、日は陽で月が陰、男は陽で女は陰、というように、天地万物のすべての事象を気の状態の違いによる変化として捉えるのである。

陰＝静、死、閉、下、後、北、地、女、臣、月、夜、柔など

陽＝動、生、開、上、前、南、天、男、君、日、昼、剛など

このように中国では、気論にもとづく世界観、自然観が構築されていたため、必然的に宇宙や自然と人間は、別々のものとして捉えるのではなく、同じもの、連関しているものとして考えられた。

このような自然観はわが国にも継承されてきた。しかし、中国の気が天地万物すべての根源、現象とみなすような壮大なコスモロジーとして理論づけられているのに対し、日本の気はもっと人間にとって身近に感じ取れる感覚的なものとして捉えられてきた。また、中国の気が物質的側面を強調するのに対し、日本では気を「雰囲気」というような私にとっての主体的な場（空間）として、つまり自分自身がその空間を形成している存在として捉える自然観が重要視されてきた。

以上、私たち日本人の自然観は、多神教による自然観と気論に基づく自然観が相まって、私も自然の一部であるということを前提として自然を捉えてきたのである。

（2）風土という捉え方

私たち日本人は、自然を風土として捉えてきた。そこに着目して、和辻哲郎は名著『風土』を著している。和辻は、風土とは、「ある土地の気候、気象、地質、地味、地形、景観などの総称である」[10]と述べている。そして、この気候や気象、地質といったものは自然環境、つまり客観的な自然環境、私たちをとりまく環境としてではなく、私たち人間そのものが自然の一部として生活してきた。私たちの生活の中にある直接の事実としての問題として自然をとらえる、それが風土なのである。したがって、私たちは自然対人間という対立関係にあるのではなく、自然のなかの人間、自然としての人間として生きているのである。これは、先に述べた古来の日本人の自然観と同じ感性である。

具体的に和辻は、「寒さ」という例を出して説明している。寒さとは、温度計で示される冷たい空気の存在、客観的な存在としての寒気のことではない。私たちが生活の中で実際に感じ取っている寒さのことである。私たちは外界と関係を持たずに成立した存在ではなく、はじめから外界との関係性のなかで、寒さを感じて生きている。つまり、志向的な存在として人間はあり、人間の存在は自然への志向性を持つ、あるいはそういう構造をもつものとして、その全体を「風土」と捉えるのである。そのような意味での風土こそ私たちの「生の基盤」であると和辻は述べている。たとえば、人間は寒いからジャンパーを着て肩をすくめる、これら全体が風土としての寒さなのである。

そのうえで、アジアからヨーロッパに至る地域を風土の観点から東・東南アジアの「モンスーン」、中東・アフリカの「砂漠」、ヨーロッパの「牧場」の三つの類型に分けている。そして、モンスーンは湿度が高いため、恵みも多いが天候が急変し旱魃や洪水で飢饉も起こるため、自然に対して忍従、受容する性格になったという。砂漠は、乾燥という気候に対抗しないと生きていけないため攻撃的な性格が形成され、宗教的には一神教を生み出すことになったという。ヨーロッパ型の牧場は、気候が穏やかで、人間によって支配され征服されやすいため合理的な考えが生まれたとしている。そのなかで日本はモンスーン型であるが、四季があり、とくに夏の「台風」と冬の「大雪」が並存する。したがって、日本人の国民的性格を台風的性格と規定し、その特徴を「しめやかな激情、戦闘的な恬淡である」(11)としている。

2　災害観

災害、とくに自然災害については、日本人は今述べたような自然観に立ちながら、その自然のひとつの現象として地震や台風、雷が起こると捉えてきた。このような災害について日本人がどのような災害観をもってきたのか考えてみたい(12)。

昔から日本人は、災害を人間にはどうしようもない自然のなせる災いとして捉えてきた。災害、とくに天災はいつ起きるか、どこで起きるかは誰にもわからないし、わかったとしてもそれを止めることは不可能である。そういう意味で大自然の脅威は不可抗力な存在なのである。実際に、筆者は阪神・淡路大震災を経験し、神戸の街が破壊され燃え落ちた中に立ちすくんだ時に、また東日本大震災の直後に支援活動に駆けつけた際に、街のすべてが流された光景を目の当たりにした時に、大自然の脅威とともに不可抗力の自然の力の存在を感じた。

もちろん、私たちは昔から手をこまねいていたわけではない。その時代時代の知恵や技術によってできるだけ被災しないように、できるだけ被害が少なくなるように努力し対応してきたが、所詮、人間のできることには限界があり、たいしたことはできない。このことは今も昔も基本的には変わらない。

しかし、私たちはそれだけでは納得することができない。どういうことかというと、災害時には、「なぜ、私や私の地域に天災が起きたのか、他の地域で起きればいいじゃないか」、「彼は、まじめに正直に生きてきたのになぜ死ななければならないの」というように、自分たちの身に降りかかった不幸をそう簡単には認めることはできないのだ。人間という動物は、理不尽な出来事を納得するために何らかの理由が必要なのである。

その理由として私たち日本人が掲げてきたものに、天運論と天譴《てんけん》論の二つがある。

（1）天運論

災害が起きた時、助かった人の多くは、「隣の町では被害が出ていないのに、なぜ私の街だけが被害をうけるのか」、「地震で家が倒壊して、家族が亡くなったのに、私だけが助かったのはどうしてなのか」というように助かったにもかかわらず嘆き悲しむ人が多くいる。この理不尽な突然の不幸な出来事を偶然という言葉だけで納得するわけにはいかない。それが必然でなければならないのである。その必然性が、「天運」であり「運命」なのである。つまり、「私が被害を受けて彼は被害を受けなかった」「彼が死んで私は生きている」というのは、運命であり人間がどうすることもできない天命によってあらかじめ決められていることなのだというのである。

次に、誰が、何がその災いを引き起こしたのかということが問題となる。古代から、さまざまな自然災害は「荒ぶる神」によるものと考えられてきた。荒ぶる神は、山や海や川などさまざまな場所にいて、人間に災いをもたらしたのである。たとえば、雷は、古代から雷神によるものと考えられてきたし、台風や突風などは風神によるものと信じられてきた。また、私たちもよく知っているのが地震を起こす鯰《なまず》である。このことについて、野本寛一は、「地下の巨大鯰が地震を起こすという俗信は近世、根強く信じられ、その鎮めとして地震のたびに大量の『鯰絵』が発売された[13]」と述べている。今でも、鯰が地震を起こすという観念は信じられているとまでは言わないが、私たち日本人の心の中に根付いている。なお、鯰だけではなく、雉《きじ》や蟹が地震を起こすという伝承も残っているという。さらに、山崩れについては、長野県、山梨県、三重県、静岡県などでは大蛇の仕業で起こると言い伝えられており、奈良県には法螺《ほら》貝によるものだという言い伝えが残っている。このように、私たちは人間の能力をはるかに超えた災害の原因を神や動物によるものとして捉え、納得してきたのである。そこには、先に述べたような自然観、つまり神道的なアニミズムの世界が広がっている。

（2）天譴論

天譴論とは、「天が人間を罰するために災害を起こすという思想[14]」であり、「もともと、災害（地震）を『王道に背いた為政者に対する天の警告』とみなす思想であった[15]」というものである。天平六年（七三四年）、大阪で大地震が発生し多くの犠牲者がでたが、その時の天皇である聖武天皇は、「朕が訓導の不明に由り、民多く罪に入る。責は予一人に在り、兆庶に関かるに非ず」（続日本書紀）と述べ、地震が起きた責任は自分にあるとし、大赦をしている。また、江戸時代の思想家、安藤昌益《しょうえき》は天譴思想を説いた。その後、関東大震災直後も天譴論が、多くの著名人から唱えられた。たとえば、当時の財界のリーダーであった渋沢栄一は、新聞のインタビューで、次のように述べている。

「大東京の再造についてはこれは極めて慎重にすべきで、思ふに今回の大しん害は天譴だとも思はれる。明治維新以来帝国の文化はしんしんとして進んだが、その源泉地は東京横浜であつた。それが全潰したのである。しかしこの文化は果して道理にかなひ、天道にかなつた文化であつたらうか。近来の政治は如何、また経済界は私利私欲を目的とする傾向はなかつたか。余は或意味に於て天譴として畏縮するものである。[16]」

また、内村鑑三は、「時々斯かる審判的大荒廃が降るにあらざれば、人類の堕落は底止する所を知らないであらう」とキリスト教の思想に基づいて述べている。[17]

このほかにも、山室軍兵や北原白秋なども天譴論を唱えているが、その内容は為政者による悪政というのではなく、腐敗した社会や国民に対する天罰という意味で使われた。東日本大震災の直後に石原慎太郎は「日本人のアイデンティティーは我欲。この津波をうまく利用して我欲を一回洗い落とす必要がある。やっぱり天罰だと思う[18]」と述べ、天譴論を展開した（なお、その後撤回、謝罪している）。このように天譴論は古代から現代にいたるまで内容の違いはあるが、大きな災害がある度にいわれてきたのである。天災は神が私たち人間を戒めるために起こすという観念によって自分に降り注いだ災いを理由づけし納得してきたのである。このような天罰という考え方は欧米でも昔からあるが、それは一神教におけるもので、神との契約を破ったための天罰であり、そうとう厳しいものとして捉えられてきた。それに対して、日本の場合、荒ぶる神を鎮めることで収まるという考え方であり、その怒りに根深さはない。荒ぶる神は、荒魂（あらたま）と同時に和魂（にぎたま）も持ち合わせているのである。

[4] 日本人と人生観・社会倫理観

1　人生観

前節で述べてきたように、日本人は自分自身に災害が降り注ぐのは運命であったり、罰が当たったりということで納得してきた経緯がある。この「諦め」や「はかなさ」の感性の奥には、無常観があるといわれる。ここでは、日本人の人生観を特徴づける「無常」について、考えてみよう。

「無常」とは、仏教用語であり、この世界のすべてのものは生滅変化して留まることがない、という意味である。つまり、この世に不変なもの、永遠に変わることのないものなどないということである。したがって、物や出来事に固執しても仕方がない、意味がないということになる。なぜならば、すべてが変わっていくからである。どれほど立派な豪邸もいつかは朽ち果てる。今幸せでも明日はどうなるか、わからない。今繁栄していても、一瞬にしてすべてが無くなってしまうかもしれない。逆に今は貧しくとも明日は金持ちになるかもしれない。今まででは失敗ばかりだが、いつかは成功するかもしれない。だから、私たちは今を生きるだけなのである。今を一生懸命生きることしかできないのだ。「今」の連続が人生であり、その流れは刻々と変化していくのである。仏教の祖である釈迦は、「諸行無常」、つまりこの世に存在するものはすべて移り変わっていき永久不変なものはひとつもない、と説く。

わが国において無常観は、中世以来の宗教、文学において培われた思想あるいは美意識である。道元禅師は、菩提心の契機は観無常心にあると説いている。つまり、悟りを開き、世の中を救おうと修行する契機は今述べた無常の心にあるという。(19) ここにも、無常を単なる消極的な変化として捉えるのではなく、変化を前提にやるべきことをやるという気概が感じられる。また、災害との関係が見て取れる無常観としては、鴨長明の『方丈記』がある。その冒頭で「行く河の流れは絶えずして、しかも、もとの水にあらず。淀みに浮かぶうたかたは、かつ消え、かつ結びて、久しくとどまりたる例（ためし）なし。世の中にある、人と栖（すみか）と、またかくのごとし。(20)」と著し、人生の無常を説いている。そして、その内容の多くは長明が実際に体験した、一一七七年の大火、一一八〇年の竜巻、一一八一～一一八二年の飢饉、一一八三年の大地震であり、その様子が克明に記されている。長明の無常観は、このような体験からきているのではないだろうか。地震に関する記事の一部を記しておこう。

又同じころかとよ、おびたゝしく大地震振ること侍りき。そのさま、世の常ならず。山は崩れて河を埋み、海は傾きて陸地をひたせり。土さけて水わきいで、巌われて谷にまろびいる。渚漕ぐ船は波にたゞよひ、道ゆく馬は足の立ちどをまどはす。都のほとりには、在々所々、堂舎塔廟、ひとつとして全からず。或は崩れ、或は倒れぬ。塵灰立上りて、盛りなる煙の如し。地の動き、家の破るゝ音、雷にことならず。家の内にをれば、忽ちにひしげなんとす。走り出づれば、地われさく。羽なければ、空をも飛ぶべからず。竜ならばや、雲にも乗らむ。恐れのなかに恐るべかりけるは、只地震なりけりとこそ覚え侍りしか。(21)

（また元暦二年〔一一八五年〕のころ、大地震が襲った。その様子は尋常ではなかった。山は崩れて川を埋め、海では津波が発生して陸地を襲った。地面は裂け水が湧き上がり、岩は割れて谷に落ちた。渚をこぐ船は波に漂い、道を行く馬は足元が定まらない。都のあたりでは、至るところで御堂や仏舎利塔などひとつとしてまともなものはない。あるものは崩れさり、あるものは倒壊する。そして塵が舞い上がり煙のようである。地面が揺れ、家が壊れる音は雷のようだ。家の中にいたならたちまち押しつぶされかねない。走って飛び出せば地面は割れてしまう。人は羽をもたず空を飛ぶことはできない。また龍であったら雲に上るのだがそれもできない。恐ろしいもののなかでとくに恐るべきものは地震だと実感した。）

それでは次に、日本の四季に代表されるような変化する風土と圧倒的な自然災害による人間の無力さの自覚から、無常観についてヨーロッパと比較し検討してみよう。ヨーロッパの自然は、安定している。ヨーロッパのほとんどの地域では大きな地震は起こらないし、台風もない。また洪水も日本のような激しいものは少ないなど、自然が猛威を振るうことの少ない地域であり、人間が作り上げてきたものがそのまま存続しやすい環境といえる。事実、一〇〇〇年、二〇〇〇年前の多くの建物や文化財が残っている。それに対して、日本では地震や台風による天変地異が人間によって営々と積み上げられてきたすべてのものを一瞬にして無にしてしまう。まさに無常なのである。寺田寅彦は、「日本の自然の特異性が関与しているのではないかと想像される。すなわち日本では、第一に自然の慈母の慈愛が深くてその慈愛に対する欲求が満たされやすいために住民は安んじてそのふところに抱かれることができる、という一方ではまた、厳父の厳罰のきびしさ恐ろしさが身にしみて、その禁制にそむき逆らうことの不利をよく心得ている。その結果として、自然の充分な恩恵を甘受すると同時に自然に対する反逆を断念し、自然に順応するための経験的知識を集収し蓄積することをつとめて来た」[22]と述べている。つまり、自然は刻々と変化し、その変化によってある時は恵が、ある時は災いがもたらされる。恵はありがたく頂き、災いには逆らわずじっと耐えるということである。自然に順応し、逆らわずに生きようということである。寺田も「地震や風水の災禍の頻繁でしかも全く予測しがたい国土に住むものにとっては天然の無常は遠い祖先からの遺伝的記憶となって五臓六腑にしみ渡っているからである」[23]と述べているように、まさに日本人の人生観は無常に基づいているといえる。

このようにわが国の人生観は、先に述べた人間も自然の一部であるという神道的な世界観や仏教における無常、頻繁に起こる天災への順応的態度が相まって、無常観を基底に形成されてきたと考えられる。

２　社会倫理観

阪神・淡路大震災や東日本大震災直後の被災者の行動は、世界中から称賛され、感動の言葉がよせられた。どういうことかといえば、海外では、多くの場合、大災害後には暴動や略奪が大量発生し、社会が無秩序化するのが当たり前である。それに対して、日本では、暴動も略奪も起こらない、それどころか被災者たちは水や食料の配給を、列を作り並んで待っている。順番を抜かそうとする人は誰もいない。日本人は、パニックになるどころか、平常時以上に冷静に行動して助け合ったのである。

このような行動に対して、世界中から称賛の声が上がった。そのいくつかを、東日本大震災関連記事から紹介してみよう。

二〇一一年三月一五日付でＡＦＰは、「悲劇の中、日本に集まる世界の称賛」と題して「大震災と巨大津波による二重の惨劇から立ち直るとき、日本の国際的な評価はいっそう高まるに違いない。日本という国の芯の強さに世界の称賛が向けられている。世界中のテレビには、がれきとなった家屋や車をあたかもおもちゃのように津波が押し流し、変わり果てた荒地に放心状態でさまよう被災者の姿が映し出されている。しかし、映像はもうひとつの側面も世界に伝えた。消息を絶った家族を探しながら、生活必需品が届くのを待ちながら、冷静さを失っていない日本人の姿だ。そこには略奪や暴動の素振りもない。半分空になった店の前でさえもきちんと並ぶ住民の姿に、英語圏のインターネット・コミュニティは、日本人は『冷静だ』と目を見張り、欧米諸国で同規模の地震が起きた場合にこうできるものだろうかという驚きが書き込まれている[24]」と述べている。

また、CNNも三月一二日付で、「震災下でも『文化に根ざす規律』」と題し、東京滞在の米学者の話として、「略奪行為も、食料を奪い合う住民の姿もみられない。震災下の日本で守られる規律は、地域社会への責任を何より重んじる文化のたまものか――。東京に滞在している米コロンビア大学の日本研究者は、大地震への日本人の対応をこう評価した[25]」と称賛している。

さらに、三月一六日付の共同通信は、「略奪起きない日本を称賛　大震災でアルゼンチン紙」という記事で、「『なぜ日本では略奪が起きないのか』。南米アルゼンチンの有力紙ナシオン（電子版）は一六日、東日本大震災の被災地で、被災者らが統制のとれた行動をとっていることを驚きをもって報じた[26]」とある。

それではなぜ、日本人は秩序だった行動ができるのか。その理由は、日本人の社会倫理観にある。どういうことかといえば、日本人は甘んじて死を受け入れる、仕方がなかったこととして諦める死生観をもっているのである。なぜならば、先に述べた無常観に基づく人生観があるからである。そのため、災害時の近しい人の死に対する恨みや理不尽さの行き場のなさを社会や他人に対してぶつけようという意識は少ないのだ。人の死や財産の消失などが起きた時に恨みや怒りがこみ上げるのではなく、諦めるという場合はエネルギーが高まり燃え上がるというような状態になるのではなく、むしろ荒ぶる神を鎮める側、エネルギーを制御する立場にたっているのである。したがって、冷静で落ち着いた態度でいられるのだ。

ところで、人の死を仕方がないこととして受け入れられる背景について、死生観の視点からもう少し深く考えてみたい。人間はすべての人がいつかは死ぬのであり、そういう意味では仕方のないことで、いくら悲しくても受け入れるしかない。しかし、理不尽な死、突然の死については、そう簡単には受け入れがたい。とくに、理不尽な死の代表的なものは、災害での死と戦争や紛争などの殺し合いによる死である。この理不尽な死について、大石久和は、日本人は死を受容し、他国は死を拒否するという。その理由として日本人の死は災害による死であり、恨む相手がいないから受け入れるしかない。それに対して、他国の死は紛争による死であり、死んだ者も恨みながら死に、残ったものも仲間を殺した相手を恨み復讐を誓うというのである。したがって、正義のためには血を流しても仕方がないという思想があるのだと述べている(27)。この死に対する考えは少し乱暴であるが、言い得て妙である。実際にわが国は古代から先にみたように常に災害に見舞われ多くの人々が命を落としてきた。それに対して、わが国は島国であり、他民族との戦争は江戸時代までだと飛鳥時代の白村江の戦いと鎌倉時代の元寇、豊臣秀吉の朝鮮出兵ぐらいしか見当たらない。国内での戦《いくさ》は、基本的に大量虐殺や皆殺しというようなことはなかった。たとえば日本における最大の合戦である関ヶ原の戦いでも双方合わせて二〇万人近くの兵士が戦ったが、諸説はあるものの死者は六〇〇〇人から八〇〇〇人と言われている。他の合戦も基本的には多くの犠牲者を出さないで勝敗が決していたようである。その理由は、わが国の戦は、政治的理由によるもので、民族間の戦いや宗教戦争ではないからである。また、農民を兵士として雇っており、原則として合戦は農閑期に行われていた。つまり、合戦より耕作の方が優先されていたのである。領主にしてもいくら戦に勝っても農民の多くが犠牲になっては自国の繁栄にはつながらない。なぜなら、戦で農民が多く死ぬとせっかく勝利してもその土地を耕すことができないことになり、意味がない。それはどちらの領主も同じ事情であった。したがって、お互い少し被害が出たところで雌雄を決していたのである。しかも、江戸時代になると二百数十年間、ほとんど戦のない時代が続いた。したがって、わが国における理不尽な死は、戦争による死より圧倒的に災害や二次災害的に起こる飢饉による餓死や病死が多かったのである。つまり、人間に殺された死ではなく、自然に殺された死だったのだ。したがって、わが国において人が理不尽に死んだ際の生き残った人間の感情は恨みより諦めが中心となっていったと考えられる。

また、個人の欲より社会規範を重んじる社会観が昔から形成されてきたという経緯がある。ここでいう社会規範とは神との契約とか独裁者からの弾圧によるものとは違う。自分たちの生活のなかから生まれてきた規範である。その理由は、日本人が農耕民族だからである。農耕社会では、一人や一家族では十分な生活を営んでいくのは難しい。したがって、農作業は村全体で行い、日常生活も家単位ではなく村単位で営まれてきたのである。そのような社会では、個人の意思や利益よりも村全体の意志や利益が優先されてきた。臨床心理学的にいえば、日本人は、西洋的自我、つまり他者から独立した「私」ではなく、他者とつながった「私」で生きてきたのである。したがって、災害などの非常時においても、皆が個人の欲望をおさえて全体の秩序を守ることが美徳とされてきたのである。

さらに、わが国には、もうひとつ日本人の精神性を代表する武士道がある。この武士道こそが、極限状況におかれた時の人間の行動を律する行動規範として機能してきたのである。わが国は鎌倉幕府以来、江戸幕府が終焉する大政奉還までの七〇〇年近く、事実上武士による政権、つまり軍事政権が続いた世界でも類をみない特殊な国なのである。したがって、武士は単に武人としてだけではなく為政者として行政官として、時には文化人として機能してきたのである。そして、その過程で高い教養を身につけ、世の中の範となる人格を目指して自己陶冶の道を歩んできたのだ。そのことが、武士が政権を長期にわたって維持してきた大きな要因である。とくに、自己陶冶そのものが自己の内面の向上だけにとどまらず、社会や他者のために生きるという精神性にまで昇華した点にある。それが武士道という倫理規範であり、行動規範である。思想的には、神道と仏教、とくに禅思想に大きな影響を受けて形成され、江戸時代に入ると儒教と融合することで武士の実践倫理として定着していったのである。

ところで、明治政府によって、士農工商の身分差別が廃止され、武士階級は消滅した。しかし、その武士道思想は武士の世が終わってから、かえって国民全体に浸透していったと考える。どういうことかといえば、それまで武士は人口の七パーセント程度しかいなかったといわれている。それが、四民平等となり、法的に国民すべてが苗字を持ち、家族制度が法制化し、国民全体が学校教育において儒学的教育、ときには武士道的色合いの強い教育を受けるようになったからである。したがって、武士道は現代の日本人の思想的底流をなしていると考えられる。

その武士道では、忠義、勇敢、犠牲、信義、礼節、名誉、質素、情愛などを説くが、そのひとつに廉恥がある。廉恥とは、心が清らかで恥を知る心を意味する。わが国では、伝統的に恥を知ることが重要とされてきた。一〇世紀半ばに起こった平将門の乱の顛末を描いた『将門記』には、「現在に生きて恥有らば、死後に誉れなし[28]」とあり、生きている間に恥ずかしいことをすれば、死後の名誉はない、というのである。ここでは、恥と名誉の関係が述べられているが、武士の生き方、死に方の根本であった。名誉を守るためには名を汚さないことであり、そのためには廉恥、つまり心を清らかにして恥を知り、恥じるようなことをしないことが求められたのであった。しかも、それは自分が死んでからの名誉も含めてであり、生死を超えた次元での実践哲学である。さらに、『平治物語』（一一五九）には、「弓矢取る身は、敵に恥を与へじと互ひに思ふこそ、本意なれ[29]」とある。つまり、武士というものは敵に対しても恥をかかせないようにとお互いが思いやることこそが真意である、というのだ。つまり、武士道では、相手の廉恥を慮りお互いの名誉を尊重することを重要視したのである。

また、時代は下るが、新渡戸稲造の著書『武士道』には、武士は名誉を重んじ、「その潔白に対するいかなる侵害をも恥辱と感ずることを当然のこととなした」というように、恥の観念を重視している。そして、「廉恥心は少年の教育において養成せらるべき最初の徳の一つであった[30]」と述べ、恥ずかしいという観念こそが道徳心の根本であるとする。

また、江戸時代の兵法家である大道寺友山（一六三九〜一七三〇年）が記した『武道初心集』には、「義を行ひ勇を励むとあるに付てはとかく恥を知ると申すより外の心得とては無之候由[31]」（義を行い、勇を励む様になるには、兎に角常に恥を知るという心得でいる事以外には無いのである）とあり、武士が正しい行いをし、勇敢に励むためには恥を知るという以外にない、というのだ。

このような武士道における「廉恥」の考えは、儒教の影響が強く、たとえば孟子は、「羞悪の心無きは、人に在らざるなり」、「羞悪の心は、義の端なり」と述べている。つまり、恥の心がないのは人間ではない、と断言し、恥の心は正しい行いをする萌芽だというのである。

わが国の武士は、このような恥の心を大切にして生きてきたのである。それでは、恥とはどういうことであろうか。

かつて、ルーズ・ベネディクトは『菊と刀』において、キリスト教文化が「罪の文化」であるのに対し日本の文化を「恥の文化」と捉え、「真の罪の文化が内面的な罪の自覚にもとづいて善行をおこなうのに対して、真の恥の文化は外面的強制力にもとづいて善行をおこなう。恥は他人の批評に対する反応である。人は人前で嘲笑され、拒否されるか、あるいは嘲笑されたと思いこむことによって恥を感じる[32]」と述べ、日本人が善行を行うのは周りから見られて恥をかかないために行うというように、他人の判断基準で行動するというような表面的な考察をしているが、日本の恥の文化はそのような浅いものではない。

作田啓一は、恥には、大きく分けて二つの側面があるとし、ひとつは、「見られて恥ずかしい」という意味での恥であり、「公恥」としている。それに対して、「自分自身の内面に問いかけて恥ずかしい」という意味での恥を「私恥」としている。つまり、だれも見ていなくても自分自身の心に照らし合わせてみて恥ずかしいか恥ずかしくないかという判断基準である。[33]

つまり、恥という概念は、「人前で恥ずかしいことをしてはいけない」「みんなの前で恥をかかされた」など、周りの目を気にした言葉であり、そのことが社会の規範を形成し、社会を秩序立てる役割を果たしているが、それは同時に自己陶冶の内面的作用でもあるのだ。そして、日本人は、この自己陶冶としての「私恥」を重んじた生き方を求めたのである。たとえば、このような「私恥」の哲学は熊沢蕃山（一六一九～一六九一年）の『集義和書』に見られ、「己が心に恥てひとりしるところを慎みなば、いづれの時にか、不善をなし不義をなさんや」とある。つまり、自分自身の心に恥を知って自分しか知らないことについてでも気を付ければ、いつでも道徳的に正しいことをなし、正しい道を歩むことができるというのである。また、藤田東湖（一八〇五～一八五五年）は、『壬辰封事』において、「変難ノ場ニ踏カカリ、忠節ヲ尽シ、死生ヲ事トモセザルノ士ハ、太平ノ世ニ在テハ、道義ヲ重ンジ、利禄ヲ軽ンジ、心ニ恥ルコトヲ行ハザルノ人ナリ[34]」と述べている。つまり、極限状況において忠節を尽くして命を顧みずに戦う武士は、平和な時代において道理を大切にし、利益を軽く捉え、心に恥じることを行わない人である、というのだ。つまり、廉恥、とくに「私恥」としての自分の内面に問いかける恥を知っている武士は、名誉だけではなく忠義や信義をも備えた人間であるというのである。

このようにみてみると、「公恥」が社会秩序を保つための恥であり、「私恥」は自分自身の内面を高めるための恥と捉えることができるが、その両方を兼ね備えることが、理想的な日本人の生き方のひとつといえよう。

◉——文献

（1）United Nations, *University WorldRiskReport 2014*, 2015, p. 64
（2）気象庁ＨＰ参照［http://www.data.jma.go.jp］
（3）国立天文台編『理科年表』丸善出版、二〇一五年、参照
（4）国土交通省ＨＰ参照［http://www.mlit.go.jp］
（5）同前、参照
（6）前掲（2）参照
（7）デカルト（桂寿一訳）『哲学原理』岩波書店、一九六四年、七一頁
（8）武光誠『一冊でわかる神道と日本神話——「わが国の起こり」と「日本人の心の原点」を読み解く』河出書房新社　二〇一三年、一六頁
（9）高田眞治・後藤基巳訳『易経』下、岩波書店、一九三九年、二三〇頁
（10）和辻哲郎『風土——人間学的考察』岩波書店、一九七九年、七頁
（11）同前、一三八頁
（12）廣井脩「日本人の災害観」地震予知総合研究振興会『地震ジャーナル』二七号、一九九九年、参照
（13）野本寛一『自然災害と民俗』森話社、二〇一三年、三九頁
（14）前掲書（12）、四九頁
（15）同前、四九頁
（16）守屋淳「関東大震災後における渋沢栄一の復興支援」公益財団法人渋沢栄一記念財団ＨＰ［http://www.shibusawa.or.jp/eiichi/earthquake/earthquake02.html］（最終閲覧日二〇一五年八月一〇日）

（17）『内村鑑三著作集』第二〇巻、岩波書店、一九五五年、五五七頁
（18）朝日新聞デジタル　二〇一一年三月一四日［http://www.asahi.com/special/10005/TKY201103140356.html］
（19）光地英学「菩提心について」『駒澤大学仏教学部研究紀要』二一、一九六二年、参照
（20）鴨長明（市古貞次校注）『新訂　方丈記』岩波書店、一九八九年、九頁
（21）同前、二二～二三頁
（22）寺田寅彦「日本人の自然観」小宮豊隆編『寺田寅彦随筆集』第五巻、岩波文庫、一九六三年、二三七頁
（23）同前、二四五頁
（24）ＡＦＰ　二〇一一年三月一五日［http://www.afpbb.com/articles/-/2790613?pid=6951747］（最終閲覧日二〇一五年一〇月一〇日）
（25）ＣＮＮ　二〇一一年三月一二日［http://www.cnn.co.jp/usa/30002136.html］（最終閲覧日二〇一五年一〇月一〇日）
（26）共同通信　二〇一一年三月一六日［http://www.47news.jp/CN/201103/CN2011031601001230.html］（最終閲覧日二〇一五年一〇月一〇日）
（27）大石久和『国土が日本人の謎を解く』産経新聞出版、二〇一五年、参照
（28）梶原正昭訳注『将門記』二、平凡社、一九七六年、三五四頁
（29）柳瀬喜代志ほか校注・訳「平治物語」松林靖明・信太周・犬井善寿校注・訳『将門記・陸奥話記・保元物語・平治物語』（新編　日本古典文学全集　四一）、小学館、二〇〇二年、五〇一頁
（30）新渡戸稲造（矢内原忠雄訳）『武士道』岩波書店、一九三八年、七二頁
（31）大道寺友山（古川哲史校訂）『武道初心集』岩波書店、一九四三年、四〇頁
（32）ルーズ・ベネディクト（長谷川松治訳）『定訳　菊と刀――日本文化の型』社会思想社、一九七二年、二五八頁
（33）作田啓一『恥の文化再考』筑摩書房、一九六七年
（34）今井宇三郎・瀬谷義彦・尾藤正英校注『水戸学』（日本思想体系　五三）岩波書店、一九七三年、一七〇頁

第２章

被災した人々

避難所の様子（阪神・淡路大震災『1.17の記録』より加工して使用、写真提供：神戸市）

［1］被災者の生活

大規模災害後の被災者の生活は、非常に厳しいものである。地震を例にとって考えてみよう。

1　避　難

地震直後、命からがら着の身着のままで家を出て、なんとか避難所にたどり着いたというような状況である。逃げる際に、家族が亡くなったり怪我をしたりしている場合もある。また、避難中にも生死に関する体験をしている可能性もある。そのような状況で避難所について、さらに身内の安否がわからない、自宅がどうなったか心配である。それにもかかわらず情報は入ってこない。しかも、避難所には多くの人が押し寄せている。このような状態から避難生活がはじまるのだ。しかも、生きているということは水も飲まなければいけないし、食べ物も必要であるが、その当てもない。冬なら、毛布や暖をとるものも必要である。

2　避難所生活

その後、避難所での生活がはじまると、今までの生活とはまったく違った毎日が続く。まず、個別の住居空間がなく、たとえば体育館に何百人という人間がひしめき合い、暮らさなければならない。プライバシーどころ

写真 2-1　阪神・淡路大震災の際の避難所の様子
（阪神・淡路大震災「1.17 の記録」http://www.kobe117shinsai.jp/、写真提供：神戸市）

ではない。まともに寝るスペースも確保できない場合もあるのだ。家族での話も周りに聞こえ周りの話し声も聞こえてくる、着替えるところもない、など私生活を送ることができない。オープンスペースなので、身の安全も貴重品の管理もまったく保障されない。また、冬なら寒く、夏なら暑いというように、体調管理も難しく体力の消耗がつづく。さらに、食事もはじめのうちは、一日二食のおにぎりという場合もあるし、その後もいつも冷たくなった弁当やパンなどが配られるだけである。さらに、トイレに行こうとしても限られた数で、しかも断水などが続くとトイレ自体がきわめて不衛生な状態にある。そのような状態がつづくと、いわゆるエコノミークラス症候群を発症したり、体調を崩したり、既往症が悪化したりする場合が多々見られる。

３　仮設住宅での生活

避難所から仮設住宅へ移ると、ようやくプライバシーがある程度守られるようになる。私的な居住空間をもち、台所やトイレ、風呂といった基本的な生活設備も整い、人間の尊厳を維持しながらの生活を送れるようになる。しかし、多くの場合、周りは見知らぬ人ばかりとなる。しかも、入居に関する届けやさまざまな手続きや申請が、被災者の心労を大きくしていくのである。また、阪神・淡路大震災では仮設住宅への入居にあたり、災害弱者を優先順位とし、募集が定員を超えた場合はそのなかでの抽選という方式をとったため、もともとの地域や自治会ごとの入居はかなわなかったのである。東日本大震災でも同じようなことが起きている。震災発生後、順次、仮設住宅ができてくるが、当初は応募者に対して希望者が圧倒的に多いため高齢者や障害者のいる世帯、母子世帯を優先するが、そのことが地域性を奪っていく。そして、災害弱者を優先することが、かえって高齢者の孤独死や高齢者、障害者の引きこもりを生んでしまうのである。難しい問題である。さらに、仕事がない状態が続くと、将来に希望がもてない大人がお酒に溺れアルコール依存症になったり、賭け事に夢中になったりして生活を崩していくケースが見られるようになる。

また、仮設住宅において形成した自治会や町内会も、仮設住宅での生活が長期化してさみだれ式に住民が転居していくと、役員も含めて人がいなくなっていき、会の運営が継続できなくなっていく。その結果、せっかく構築した人間関係もなくなっていくことになる。

4　復興住宅での生活

仮設住宅から数年がたち、復興住宅が完成すると順次、引っ越しということになるが、快適なはずの復興住宅での生活も苦難が待ち受けている。まず、仕事がみつからない被災者が多くいるということである。さらに、高齢者は被災後数年経ち、さらなる高齢化と不安定な生活で体調を崩したりして心身ともに弱くなっている場合が多く、引きこもりがちになる。また、新しい自治会なり町内会を構築、あるいは参加することに消極的になっていく。そのようなことが重なり、孤独死をはじめ弱者が孤立していくのが現状である。

［2］被災者の心

大規模災害が起こると、多くの被害を受ける。とくに、被災者は、身体的、精神的、社会的に大きなダメージを受ける。

災害は突然やってくる。とくに、地震やそれに伴う津波は他の災害以上に突然やってくる。そして、大きな被害を被災地および被災者に及ぼすのである。被災した人たちは、被災する寸前までは平和な日常生活を暮らしてきた。それが、ある日突然、命を脅かされ、家族をはじめ多くの愛する人を亡くしてしまう、あるいは自分自身が大怪我をしたり、家がなくなったりする場合もある。このような体験をした被災者の心身は大きな打撃をうける。災害時に限定して、その症状をみていきたい(1)。

1　正常ストレス反応

大規模災害に被災した場合、気分の落ち込み、無気力、罪悪感などの気持ちになったり、集中力や判断力が低下したり、頭痛、食欲不振やめまい、だるさなどの症状がでたり、トラブルや引きこもりといった行動をとったりするのは多くの人が経験する一時的な正常なストレス反応であり、二～三日の間に自然に回復する場合が多い。

2　急性ストレス反応・急性ストレス障害（ＡＳＤ）

大規模災害において悲惨な現場を体験したり、自分自身が命の危険に曝されたりした場合など、強い精神的な衝撃を受けてしまうとそれがトラウマ反応、つまり、心の傷となり精神的な症状を引き起こす場合がある。トラウマ反応はストレス反応が後遺症として残るような日常では見られない衝撃的な体験から生じるものである。急性ストレス障害は、精神的衝撃を受けた後、直後あるいは数時間から数日間の間に次のような精神的な症状が起こる。

（1）フラッシュバック（再体験）

突然、災害時の記憶、たとえば地震で家が壊れたとか、津波が襲ってきた際の記憶が蘇る症状である。また、悪夢を見て目が覚めてしまうこともある。

（2）麻痺・回避

被災した時の状況を避けてしまう。たとえば、被災した場所に行けないとか、同じようなシチュエーションの場所を避けてしまう、遺品に触ることができないなどの症状がある。また、災害の話ができない、テレビを見ることができないなどがある。さらに、感情や感覚が麻痺してボーッとしたり、現実感がなくなったり、集中力がなくなるなどの症状もでる。

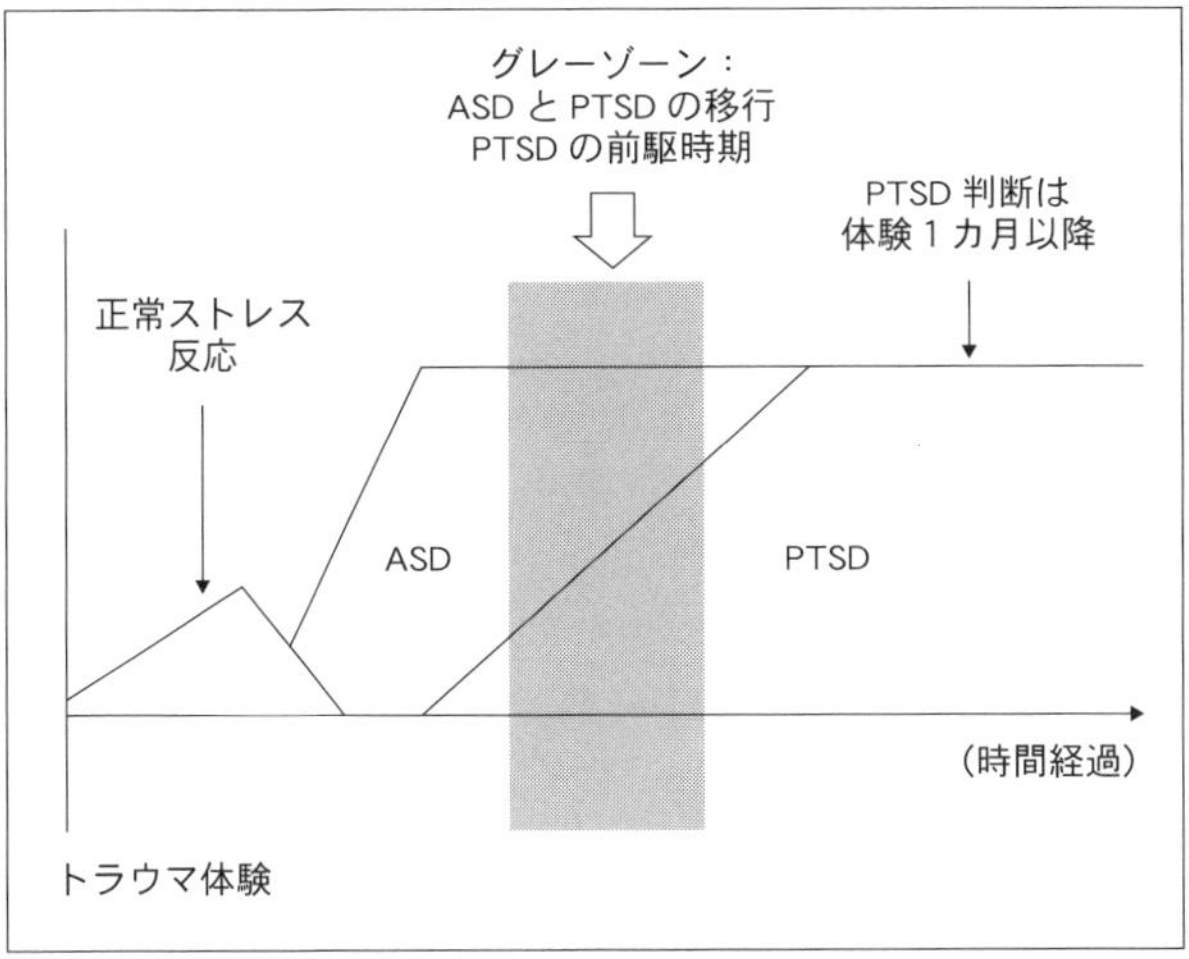

図 2-1　ASD と PTSD
（金吉晴編『心的トラウマの理解とケア　第２版』じほう、2013年、10頁）

（3）過覚醒

いつもイライラして緊張状態がつづき、怒りっぽくなったり、不安になったり、不眠が続いたりといった症状が起こる。そのことが原因で人間関係が上手くいかず孤立する場合もあるので注意が必要である。

これらの症状が著しく見られるが二～三日で消失すれば急性ストレス反応である。その期間を超え一ヶ月以内の間持続する場合は急性ストレス障害（ＡＳＤ）と呼ぶ。この期間に周りの人が寄り添い、話を聴く（こちらから聞くことはしない）などのサポートをしながら観察することが大切で、次に述べる心的外傷後ストレス障害への予防や早期治療につながるといわれている。

３　心的外傷後ストレス障害（ＰＴＳＤ）

心的外傷後ストレス障害（ＰＴＳＤ）は、急性ストレス障害の場合と同じように、大規模災害において悲惨な体験や自分自身の命が危険に曝されるといった体験が契機となり起きる精神障害である。症状も同様の「フラッシュバック（再体験）」「麻痺・回避」「過覚醒」であるが、これらの症状が一ヶ月以上たっても継続した場合、ＰＴＳＤが疑われるため、早期に専門医に診てもらう必要がある。ＰＴＳＤは、早期発見と早期治療が重要であり、心理療法、薬物療法が必要となる。また、半年以上たってからＰＴＳＤが現れる「遅発性」の人もいるため、注意が必要である。ＰＴＳＤを発症していても本人または周囲の人も気づかない場合があるので、もし過去にショックを受けるような経験があり、日常で精神的な症状に苦しめられるという場合はＰＴＳＤが疑われる場合もあるので、早めに専門医を受診することが望ましい。

4　悲嘆反応

悲嘆とは、失ったものに対する悲哀の感情や苦悩、あるいは怒りなどの情緒反応である。重大な喪失体験は、人々に悲嘆をもたらすが、具体的には、次のようなものである[2]。

（1）愛する人の喪失――死、離別

近親者の死と離別が悲嘆のなかでも最も深刻な喪失体験である。大規模災害では、自分の家族や恋人、親友などを一瞬にして失った被災者が数多くいる。しかも、一人ではなく、複数の愛する人を一度に失う場合が多いのである。納得のいかない理不尽な喪失である。この喪失の悲しみは計り知れない。

（2）所有物の喪失――家、財産、仕事、職場

今まで暮らしてきた家や財産の喪失は、住む家がなくなった、財産がなくなったというだけではなく、「私」

の人生の軌跡そのものの喪失でもある。また、仕事や職場が失われるということも経済的な困難だけではなく、私自身のアイデンティティの喪失でもある。

（3）環境の喪失——転居、転校、地域社会

自宅がなくなり転居し、学校が被災し転校を余儀なくされ、地域社会そのものが崩壊し、街を出ていかなければならない事態に、今まで「私」の生きてきた場所そのものが失われてしまう。

（4）役割の喪失——地位、役割

家族が亡くなると自分の親としての立場がなくなる。仕事がなくなると、会社での、あるいは地域での地位もなければ役割もない。生きる糧がなくなるのである。

（5）自尊心の喪失——名誉、名声、プライバシー

人も家も街も流されてしまい、心身とも丸裸にされてしまった「私」は、生きてきた証としての名誉や名声も一瞬に失ってしまう。避難所では「私」の生活はなく、「私」を保つことができない生活が続くことになる。

（6）身体的喪失——衰弱、怪我による手足などの欠損

被災の際の怪我で失ってしまった手や足。生活の困難さはもとより自分が自分と納得できない。また、長引く避難所生活で、日々衰えていく身体、命が削られていくという実感が襲いかかる。

表 2-1　悲嘆反応

起こりやすい感情	
ショック・無感覚・麻痺	• 起こったことが現実でないように感じる、ぼうぜんとなる、感覚が麻痺したようになる • 周囲からは冷静に見え、悲しんでいるように見られないこともある
否認	• 事実を認めたくない、受け入れられない
絶望感・無力感	• 生きていく意味が見出せない、希望を失う、何かをする力が出ない、自分も人生を終えてしまいたいとさえ思う
恐れや不安	• 自分自身がコントロールできないことへの恐れ、ひとりぼっちになってしまうのではないかという恐れ、同じことがまた起こるのではないかという恐れ、この世界が危険に満ちており安心できないという恐れなど • 音やにおい、感触などで、恐れや悲しみが引き起こされたり、パニックを引き起こしたりすることもある
悲しみ	• 帰ってくることがない、もう会えない、元の生活に戻ることはないという悲しみ
思慕	• 亡くなった人を慕い、会いたいという強い気持ちが続く
怒り	• 死が起こったことに対する怒り（神や運命への怒り）、死の場面や状況に関わった人への怒り、自分の気持ちを理解してくれない人への怒り、なぜ自分の家族が…という不公平に対する怒り、あるいは家族を助けることができなかったという思いからくる自分への怒り など
後悔や自分を責める気持ち	• 「あの時、～していれば（～しなければ）…」「自分のせいで…」と思う、もっと守れたのではないか、自分だけがどうして生き残ったのだろうと思う気持ち • 特に大切な人を亡くしたあとは、survivor's guilt（生存者罪悪感）と呼ばれる自分責める気持ちが強く出ることが知られている
奇跡を願う気持ち	• 「どこかで生きているのでは」「生き返るのでは」と希望を持ち続けようとする
恥	• 自分は役に立たない、他人に頼らなくては生きていけなくなった、以前のように行動できない、すぐにめそめそしてしまう、などのことに対する恥じる気持ち
起こりやすい思考、行動、身体症状など	
死や故人のことが繰り返し頭に浮かぶ	• 亡くなった時のことや故人のことが繰り返し頭に浮かぶ、故人のことばかり考える、そのたびになぜそれが起こったのか、なぜ自分なのか、どうすれば防げたのかと考え続けてしまう、死に関する悪夢や故人の夢を見るなど
集中力の欠如	• 今やっていることに集中できない、思考力や判断力が低下しているように感じる
起こりやすい行動の変化	• 以前より泣く、一日中ぼんやりしている、その出来事や故人を思い出すことを避ける、今までなかった行動をとる（過剰に忙しくする、引きこもる、アルコールや薬物の量が増えるなど）、故人の持ち物などに固執する
その他	• 家族や友人、同僚などの人間関係に影響が出る、家族や友人がいても孤独に感じ、一方で誰かにいてもらわないと不安になることもある

（JDGS　Project　HP より）

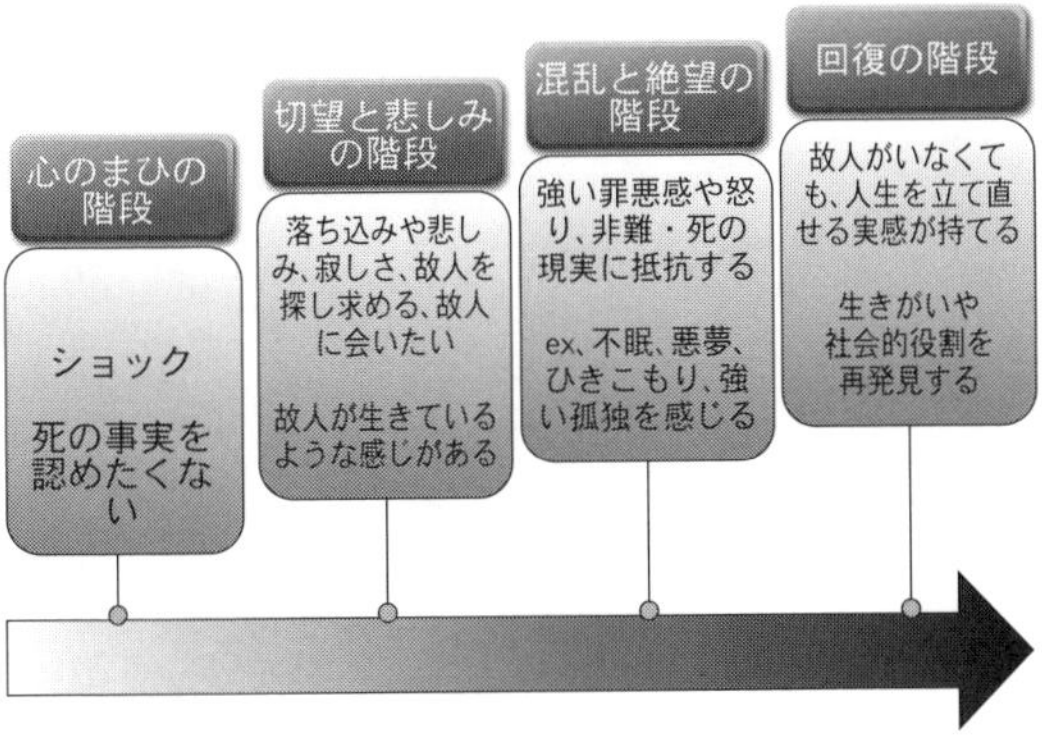

図 2-2　悲嘆のプロセス
（JDGS　Project　HP より）

（7）安全・安心の喪失

地震によって安全で安心に生きてきた日々が一瞬にしてなくなり、いつまた余震があるかという不安、安心して暮らせない避難所、お金もなく食べることもままならない日々に安全も安心もない。

とくに、阪神・淡路大震災や東日本大震災では、これらの喪失体験を同時に複数体験することによって、想像を絶する悲嘆を人々にもたらすのである。悲嘆は、心理的、身体的、社会的反応であり、その人の人生や対人関係に強い影響を与える。その症状は、人によって異なるが、おおよそ次のようなものである（表２‐１）。

悲嘆反応は、図２‐２のような一応のプロセスがあるが、必ずしもこの通りにはならず、また逆戻りしたり、重複したりする場合もある。回復する時間は非常に幅があり、数ケ月から何年もかかる場合もある。また、複数の喪失体験が重複すると慢性化、複雑化し、激しい悲しみが続く「複雑性悲嘆」や「うつ病」に移行する場合もある。

5　二次的心理社会的ストレス

大規模災害の場合、災害の被災に引き続き、さらなるストレスが追い打ちをかけることになる。被災して、家族が亡くなり、家を失い、避難所に避難し、プライバシーを奪われ、住み慣れた地域から離れ仮設住宅へと転居する、といった喪失体験が続く。さらに、失業やレクリエーションの減少、地域コミュニティの崩壊、伝統文化の破壊などが被災者の心を苛《さいな》んでいく。とくに、孤児となった子どものストレスは計り知れない。このような二次的な心理社会的ストレスが被災者を打ちのめしていくのである。

東日本大震災では、震災孤児および遺児の人数が約一八〇〇人にのぼる。このような現状において、いかに子どもたちのストレスを減少させるか、組織的かつ継続的な支援が必要になってくる。

［3］被災した子ども達

1　災害と子ども

大規模な災害が起こると子どもたちをとりまく環境は一変する。災害時に、親や先生、あるいは一人の場合もあるだろうが、必死で避難することになる。その際の恐怖は計り知れないものがあろう。時として、自宅はなくなり、親や兄弟が亡くなる場合もある。そして、避難所での生活は家族団らんで過ごしてきた家とはあまりにも

写真 2-2　東日本大震災の際、ボランティアとハンカチ落としをして遊ぶ子ども達（筆者撮影）

かけはなれた守りのない場所である。自分の居場所がない。それは具体的な空間がないだけでなく、自分が自分として存在する場所がないのである。今までは家族の一員として愛され認められて期待もされ、それなりに家族のなかでの役割もあった居心地のよい居場所が突然なくなってしまうのだ。そして、子どもたちは心を閉ざし、必死で生きているのである。なぜならば、子どもたちは現在起こっている非常事態を主観的実感として捉えており、大人たちが必死で何とかしようとしている姿を見ているから、大人の邪魔にならないように、いい子でいようとしているのである。

さらに、子どもたちに追い打ちをかけるのが、学校に行けない、ということである。学校は、子どもたちにとって、勉強する場所であると同時に、もうひとつの居場所でもある。友達や先生と会えず、また勉強ができないということも相まって、ストレスを増すことになる。

このような状態が続くと、子どもたちの行動に異変がおきてくる。それは、甘えと暴力である。実際、阪神・淡路大震災の際も、東日本大震災の際も子どもたちは、ボランティアに対して甘えてくる。しかし、一方で、ボランティアに対して暴力を振るってくる子どもも多くいるのだ。子どもたちは、先に述べたような喪失体験の表現方法をあまりもたないがために、暴力的になっているのでる。たとえば、ボランティアの学生が訪れた際に「死神がきた」と叫び、暴力をふるってくる、という状況がよく見られる。また、「地震ごっこ」や「津波ごっこ」をして遊んだりするが、それらは正常な反応であり、心の中の不安や恐怖、怒りを克服し乗り越えようとするあらわれなのである。

2 震災孤児

大規模災害では、不幸なことに多くの子どもたちが親を亡くすことになる。

阪神・淡路大震災では、奨学団体「あしなが育英会」の調査では、五七三人の子どもが親をなくし[3]、そのうちの約二割の子どもが両親を失ったのである。

東日本大震災では、復興庁によると震災孤児（震災で両親とも亡くした児童）二四一人、震災遺児（震災でひとり親となった児童）一五三七人の合計一七七八人の子どもたちが親を亡くしたのである。孤児たちは、親族に引き取られたり、里親に引き受けられたり、児童養護施設に入所したりして生活している[4]。

3 心のダメージ

災害を受けた時に、子どもの心のダメージは大人より大きいといわれている。なぜならば、子どもは、まだ自我が確立しておらず、何があったのかを客観的に捉える力や心理的に防衛する機能が弱いため、衝撃が直接心に影響を及ぼすからである。

表 2-2　心の健康について教育的な配慮を要する者の割合

	幼稚園	小学２年生	小学４年生	小学６年生	中学２年生	高校２年生
男子	13.23%	18.15%	16.15%	16,47%	12.53%	13.75%
女子	19.46%	21.38%	23.41%	20.52%	25.39%	20.62%

（文部省「非常災害時における子どもの心のケアのために」1998 年、5 頁、から筆者作成）

阪神・淡路大震災が起こった年の一九九五年（平成七年）に文部省が調査した結果（表２‐２）によると、「心の健康について教育的な配慮を要する者」の割合は、震度六以上の地域で男子が一二・五三〜一八・一五パーセント、女子で一九・四六〜二五・三九パーセントにのぼっている。(5)

全体として男子より女子の方が多く、男子は小学生に多く、女子は中学生に多いという傾向がみられる。また反応の違いについて低学年層（幼稚園、小学二年生、小学四年生）と高学年層（小学六年生、中学二年生、高校二年生）とは違いがあるとして、「低学年層では『小さいころしていたことをまたする』（退行）、『地震の話をしたり聞いたりするのがいや』（回避）が多く、高学年層では『遊びや勉強に集中できない』（集中困難）が多く認められる」としている。また、全体として「地震のことを思い出すようなことがあると緊張したり、ドキドキする（精神的外傷の再体験）」、「小さな音やゆれでもびくっとしてしまう」（不安・過敏）などの反応がみられる、としている。

さらに、一九九六年（平成八年）の追跡調査の結果として、家庭や学校で何らかの配慮を要する子どもたちの割合は、徐々に低下している傾向が見受けられるとし、「震災直後の方が精神的影響は大きいが、時間の経過とともに減少する傾向にある」とする一方、「身体的不調和や学校に行きたくないなどのように、時間経過とともに増加しているものもある」と記されており、子どもの心の傷の深さがうかがわれる。(6)

さらに、平成七年（平成六年度）震災以降、五年ほどは要配慮児童生徒の数は高水準のままであり、図２‐３のようにようやく平成一一年度から減少傾向に転じている。しか

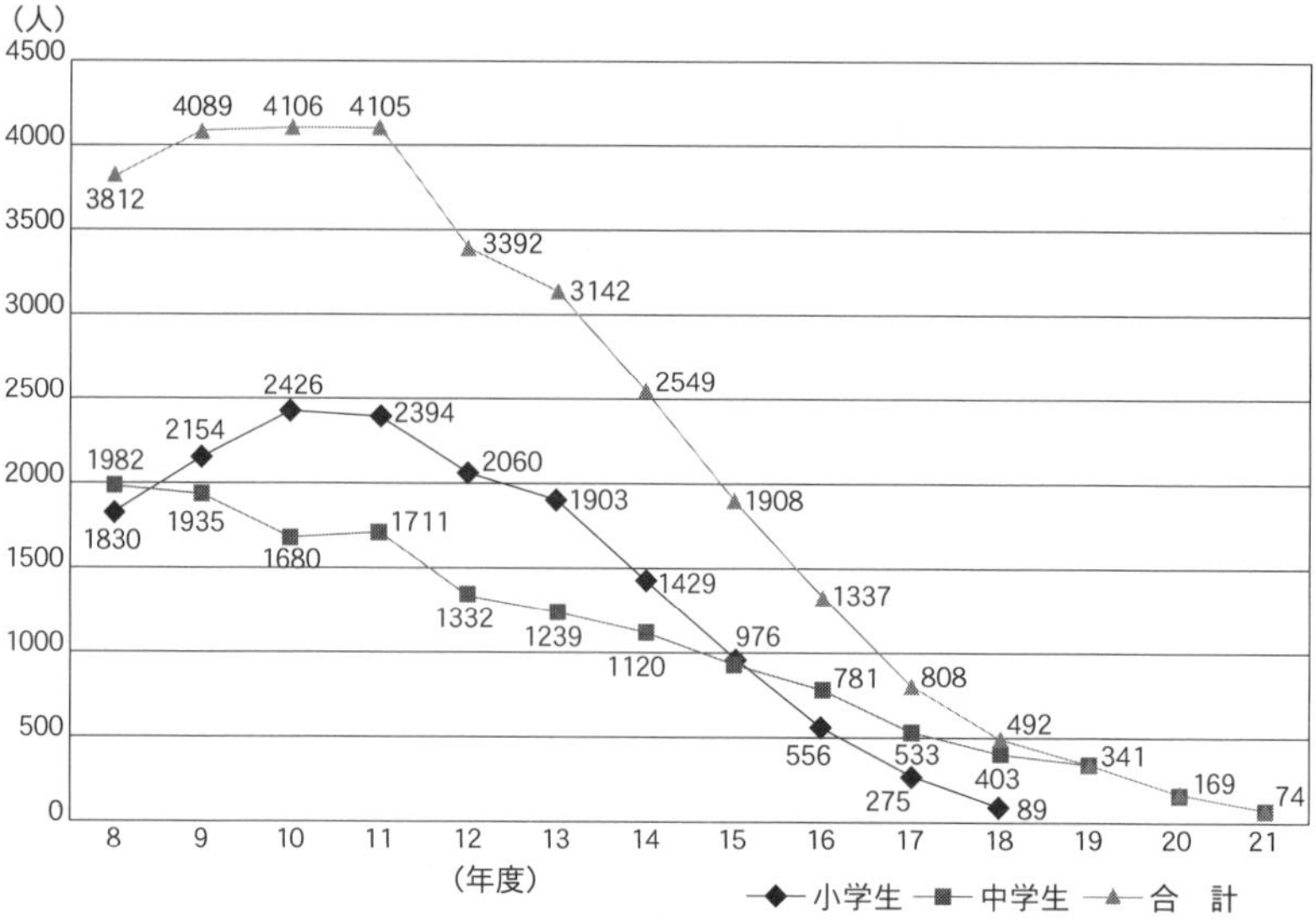

図 2-3　要配慮児童生徒数の推移

（兵庫県教育委員会「災害を受けた子どもたちの心の理解とケア」平成 23 年、28 頁）

しながら、小学校では平成一八年度まで、中学校では二一年度まで要配慮児童生徒が少数ではあるが在籍している。つまり、震災の年に生まれてからその心理的ダメージをもち続けている子どもが居るのだ。このことは、いかに大規模災害による心理的ダメージが深いものかを現しているといえる。

[4] 時間の経過と被災者の心理状態の変化——

被災者が被災地域の人々との関係の中でどのような心理状態や行動を示すか、また、それがどのように推移するかを理解しておくことも重要である。[7]

（1）茫然自失期（災害直後数時間から数日間）

多くの人が災害のショックや恐怖体験によって無感覚になり、ボーとした状態になる。一方、家族や周りの人のために、必死で行動的になる人もいる。

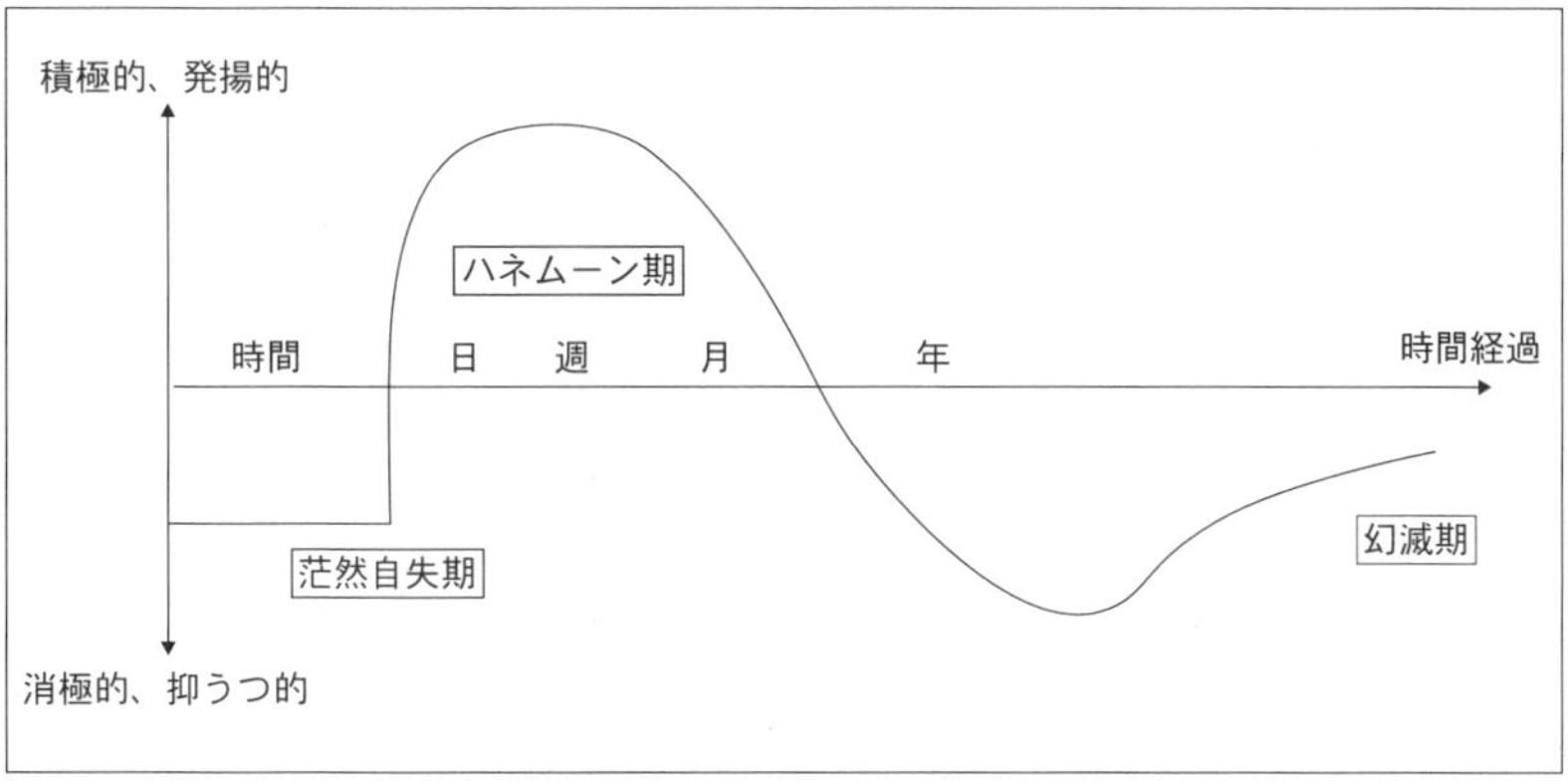

図 2-4　被害者の心理状態：3 相性の変化
（金吉晴編『心的トラウマの理解とケア　第 2 版』じほう、2013 年、66 頁）

（2）ハネムーン期（災害発生数日後から数週間または数ヶ月間）

被災者同士が災害体験を共有し、その苦難を乗り越えてきたお互いが連帯感で結ばれる。復旧に向けて協力しあって瓦礫や残骸を片づけ助け合う。被災地全体が暖かいムードに包まれる。

（3）幻滅期（災害発生後数週間から年余）

災害直後の混乱がおさまり始め、メディアの報道も少なくなり、災害ボランティアもあまり来なくなるとともに被災者の忍耐が限界に達し、行政への不満や無力感が漂い、暗い雰囲気が被災地を覆う。そのようななか、被災地内でのトラブルも起こりやすくなり、飲酒問題なども出てくる。また、被災者間の生活再建の進度や方向の違いが表面化することで、地域の連帯感が失われる場合もある。

（4）再建期（年余から数年）

災害から復旧が進み、生活の目途が立ち日常が戻り始める頃である。被災者も先行きが見えるようになり、次第に元気になってくる。街や地域づくりに積極的に参加することで生きる自信ができ、地域コミュニティが再構築されだし、生きる場所が見えてくるようになる。しかし、一人住まいで高齢化したり、PTSDを患ったり、生活基盤が定まらなかったりというように復興から取り残された人は、ストレスの多い生活が続くことになる。

〔5〕被災地域

1　地域や町の壊滅的被害

大規模災害の場合、被災者は自分や自分の家族が被害を受けただけではない。近隣の人たちも被災し亡くなったり怪我をしたり、家を失ったりしているのだ。そして、被災者自身もその時点ではわからないのだが、町全体が壊滅し、さらにそれを超えて広範囲にわたる地域が崩壊しているのだ。

このことは、何を意味するかといえば、「私」の家がなくなっただけではなく、暮らす場所、買い物をする場所、仕事する場所、生きていく場所がなくなったということなのである。まず、多くの公共機関が破壊あるいは使用不可能になってしまう。たとえば、市役所や消防署、警察署、郵便局、銀行、病院、学校などの建物が破壊されたり、浸水したりすることで機能が停止してしまうのである。次に、スーパーマーケットや飲食店など、日常生活を過ごすために必要なものを購入する店もなくなってしまい、食料品さえ買えなくなってしまう。さらに、ライフラインである電気やガス、上水道、下水道などがすべて止まってしまい、明かりを灯すことも水を飲むことも食事を作ることも、トイレに行くこともできなくなる。また、電話、インターネット等の通信手段も使えなくなってしまい、情報を得られないし発信することもできない。また、道路や線路、堤防などが破壊され寸断されることで、鉄道やバスなどの物流機関などが不通となって、移動することすらままならないのだ。

このような状況になると、町としての機能が働かなくなり、被災者を絶望の淵に立たせることになる。まずは、ハードとしての社会資本の回復を急がなければ、被災地の復興は始まらないといえる。

２　社会病理

大規模災害により生じた悲嘆は、個人を超えて社会の病理となり得る。どういうことかといえば、大規模災害の場合、被災地域が広く被災人数も多い。したがって、長期にわたり喪失体験が続く被災者も多くなる。そこへ仮設住宅から復興住宅などへの移転が重なりコミュニティが崩壊することで、対人関係が持ちにくくなった被災者や引きこもりがちな高齢者が増加し、それを地域が支えられない状況のなか、孤独死が生じ、あるいは風紀が乱れ犯罪が増加するようになる。阪神・淡路大震災においてもいまだに復興住宅で高齢者の孤独死があり、東日本大震災後の仮設住宅でも孤独死が続発している。また、防犯力も低下している地域もある。このような社会の病理をいかに回復させていくかが、社会関係資本の復興につながるといえる。

３　文化の消失

大規模な災害は、その町や地域の文化をも消失させてしまう。とくに、有形文化財や歴史的な景観、街並みなどは、地震やそれに伴う火災、津波によって永久に失われる恐れがある。

文化遺産は人間の精神活動の証であり、歴史を現代に伝える有形、無形の文化財である。これらは、私たちの誇りでもあり心を豊かにしてくれるものでもある。だからこそ、これらを後世に伝えていく責務もあるのだ。日本には、その歴史の古さや高度な芸術性や技術力から数多くの文化遺産があり、これらの文化遺産を有している町は多く、さらに町自体が文化遺産を核として成立してきたところも多い。町や地域にある文化遺産は、それ自体のもつ価値とともに、町の歴史的価値を実証し、文化的価値を高め、それを守り続けることで町の社会的価値を維持してきたのである。これらの文化遺産は、地域住民の精神の拠り所であり、誇りでもある。

災害時に最優先されるのは人命であり、文化遺産を守ること自体の優先順位は高くないが、災害後、文化遺産が消失してしまうと、町そのものの復興に大きな支障をきたすし、その町の人間としての誇りを形成できなくなる。したがって、文化遺産は、町の復興に大きな役割を果たすことになる。町全体を守ることが文化遺産を守ることにもなるという思想のもと町づくりを行っていかなければならない。

阪神・淡路大震災の際は多くの文化財が焼失し、また東日本大震災でも多くの文化財が津波にのまれた。そのようななかで、懸命な文化財修復が行われ、伝統芸能が復興されている。

［6］受援者として

1　受援力について

受援力とは援助や支援を受け入れる能力のことであるが、この言葉は、おもに災害ボランティアを受け入れる際に使われる。内閣府は、災害ボランティアを地域で受け入れる環境・知恵などを「受援力」（支援を受ける力）としている。この言葉は、防災の世界では東日本大震災以前から使われていたが、世に広く知られるようになったのは、東日本大震災以降である。なぜならば、東日本大震災では、災害ボランティアを受け入れる体制がうまく機能しなかったからである。さらに、大きな問題となったのが、被災した地方自治体も他の地方自治体からの支援を十分には受け入れることができなかったのである。

これからは、災害時の支援のあり方とともに受援のあり方の検討、受援力の向上を目指す必要がある。ここでは、受援力を個人・自治会などの地域・地方自治体にわけて考えてみよう。

２　個人としての受援力の向上をめざして

東日本大震災の際、被災者が、ボランティアに来た人にどのように対応したらよいかわからず戸惑ったり、気をつかいすぎて疲れたり、片付けの手が足りないにもかかわらず断ってしまったりなど、災害ボランティアの力が十分に発揮できなかったケースが多くあった。

その理由のひとつは、被災者に受援力がなかったからである。したがって、私たち日本人は、一人ひとりがもっと受援力を高めることが必要である。これは、被災した人が受援力を高めるということではない。すべての人があらかじめ災害ボランティアを受け入れる心構えをもっておく必要があるということである。なぜならば、どこでいつ災害があり、自分が被災者になるかわからないからである。それは、いつ支援者になるかわからないということとつながる。つまり、私たちは支援者にも受援者にもいつなるかわからないのである。人生は「お互いさま」でありギブ&テイクなのである。このことを知れば、他人に支援してもらうことへの引け目を感じなくて済

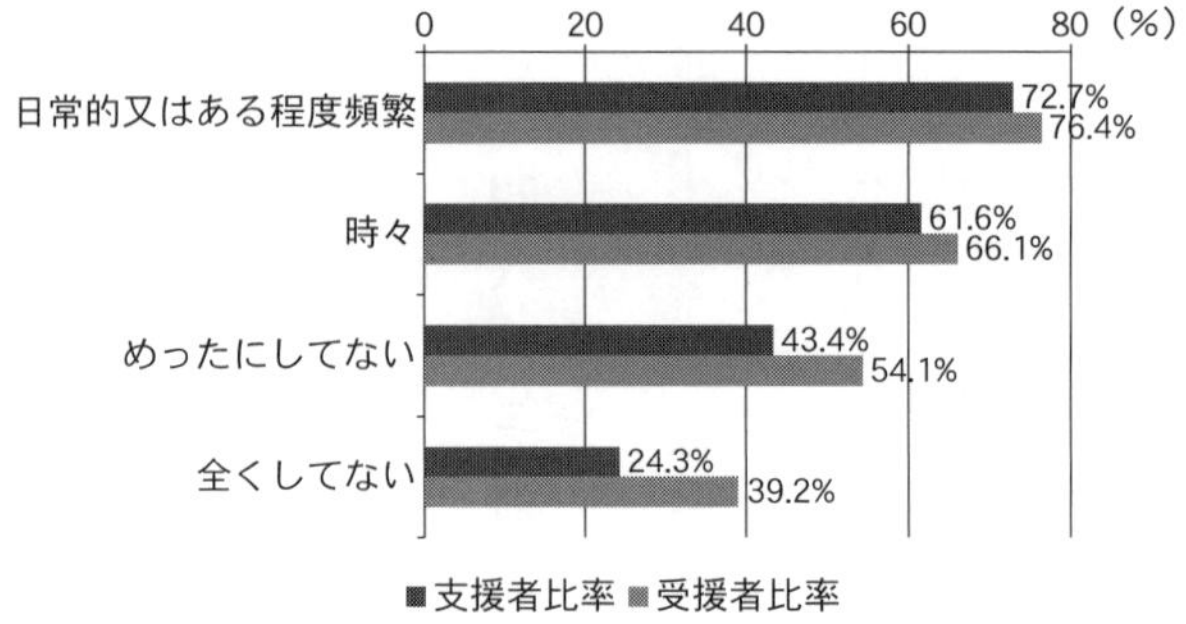

図 2-5　震災前の NPO、ボランティア等の活動と支援者比率・受援者比率
（日本 NPO 学会「震災からの生活復興と民間支援に関する意識調査概要」2014 年、20 頁）

む。これが受援力の基本的スタンスである。実際、阪神・淡路大震災の際、神戸の人々は全国、世界から多くの支援を受けた。筆者もその一人である。そして、東日本大震災が起きた時、神戸の人々は自然な思いで恩返しをしようと被災地に駆け付けたのである。まさに、お互いさまである。人が困っている時に手を差し伸べるのはお互いさまであり、人間として当然のことである。

それでは、個人としての受援力とはどのようなことなのであろうか。まず、平常時からボランティアについて学習しておくことが大切である。ボランティアとは何かがわかればどう支援したらよいのか、どう受援したらよいのかがイメージできるようになる。さらに、可能な限り、ボランティア活動など日頃から支援者として活動することもよい経験となる。図２‐５にあるように、実際に東日本大震災前にボランティアやＮＰＯなどの市民活動をしていた人ほど震災後に災害ボランティアを受援し、一方で災害ボランティアとして支援もしているということが明らかになっている。

万が一、自分や家族が被災した時は、自分たちだけでなんとかしようと思わず、災害ボランティアにお願いできる場合は手伝ってもらうという意識を持ち、災害ボランティアセンターなどに依頼することである。そして、災害ボランティアに対して、具体的に手伝ってもらいたい内容を的確に伝えることがスムーズに作業が進むポイントである。また、ボランティアに対しては、「すみません」「ごめんなさい」という申し訳ないという気持ちではなく、「ありがとう」という感謝の気持ちを伝えるようにすることでお互いの心が軽くなる。

３　被災地域としての受援力の向上をめざして

被災した地域、具体的には自治会や町内会などにも受援力が求められる。(8)

(1) 平常時からの準備

① 地域の危険箇所をチェックし、それを元にマップづくりなど地域の情報整理を行っておくことで、土地勘のない被災地以外からボランティアが来た際の受け入れに役立てることができる。

② 災害ボランティアセンターを設置する訓練などを開催し、災害時のボランティア受け入れのシミュレーションをしておくことで、災害ボランティアの活動内容を把握でき、同時に地域住民同士の関係性を深め、助け合いのためのネットワークを形成することができる。

(2) 災害時の受援力

① 身のまわりの状況や誰が困っているのかなど情報収集をして「地域の状況」をできるだけ具体的にボランティアに伝えることが大切である。

② ボランティアを受け入れる際に、地域のリーダーは地元のボランティアとともにパイプ役を務める。

③　支援のニーズを把握し災害ボランティアセンターに依頼する。
④　ボランティアとコミュニケーションをとり、お互いが無理をせず安全を第一に行動するように心がける。

4　地方自治体としての受援力の向上をめざして

わが国の地方自治体における受援は、全体としては非常に遅れている。しかし、唯一消防組織だけが「緊急消防援助隊」という大規模な災害時に備えた市町村を超えた全国的な消防体制を構築しており、支援・受援を駆使して今までの大規模災害に対して大きな貢献をしている。

緊急消防援助隊は、阪神・淡路大震災を教訓に、全国の消防機関による応援を速やかに実施するため、平成七年度に創設され、平成一六年（二〇〇四年）には消防組織法により法律に基づいた部隊となった。平成二七年（二〇一五年）四月現在で、全国七四二消防本部から四九八四隊が登録されている。創設以来二〇年の間に、東日本大震災をはじめ三〇回以上出動しており、全国の消防同士で支援と受援を円滑に実施して多くの人命を救っている。(9)

それに対し、東日本大震災の際に被災した宮城県、福島県、岩手県をはじめ多くの消防以外の被災自治体は、受援力不足で全国、いや世界から駆けつけた緊急支援をうまく受け入れることができなかった。

たとえば、被災地における災害ボランティアセンターの機能不全があげられる。これは被災地のボランティアセンター自体を批判しているわけでは決してない。ただ、結果として、被災地ではボランティアのニーズが多くあるにもかかわらず、ボランティアが少なかったという現実がある。とくに、三月・四月の時点でボランティアが相当足りなかったにもかかわらず、多くのボランティアセンターがボランティアの受け入れを拒否した。その後、五月の連休前ごろになって、ボランティアを募集したという経緯がある。そして、夏前ごろにはボランティアセンターは、ほとんど閉鎖されたのである。この原因は、つぎのようなことが考えられる。

①　災害ボランティアセンターの人員が少ない。

②　多くの場合災害ボランティアセンターを現地の社会福祉協議会が運営しており、日常業務と兼任しているので、日常業務の再開のために閉鎖せざるを得なかった。

③　ボランティアの専門家がほとんどおらず、ボランティアに来てもらったからには満足して帰ってもらいたいというように逆にボランティア側に気をつかいすぎて適切に受け入れることができなかった。

④　ボランティアセンターのもっている情報量が少ない。たとえば、多くの場合、避難所のボランティアニーズを把握しておらず、避難所とのマッチング業務もしていないことが多かったため、情報が限定的にしか得られなかった。

このような原因によって、被災地にはニーズがたくさんあったにもかかわらず、ボランティアを受け入れられないというようなことが起きたのだ。

また、筆者は震災直後から何度も被災地に入ったが、その際、そこで目にしたのは他府県から駆けつけた多数の自治体職員は、その多くが自分たちでニーズを探しながら支援活動を行っていたということである。当時の被災地の自治体は混乱しており、職員も少なく支援に駆けつけてくれた他の自治体職員を差配するだけの余力や知識もなく、また被災状況そのものの把握自体ができていない状況であった。とくに、その傾向は小さな自治体に行くほど顕著であった。

このような混乱した状況において受援力を発揮することは、不可能に近いと思われる。したがって、平常時から他地域の自治体やボランティア組織からの支援を前提とした災害対応計画を立て、訓練していく必要がある。そのことが、災害時の受援力を高めるための最も重要な方策である。

このことに関しては、被災県のひとつである宮城県も「東日本大震災――宮城県の六か月間の災害対応とその検証」において、被災直後の他地域からの支援への対応を分析したうえで「今後、宮城県では、複数の自治体からの応援を速やかに受入れ、その支援を調整し、被災市町支援に活用するという受援システムの構築が求められる」とし、受援力の強化の必要性を述べている。[10]

さらに、神戸市では、阪神・淡路大震災の被災経験と教訓、東日本大震災直後からの支援活動の経験で得た知見をもとに、二〇一三年に全国の自治体に先駆けて「神戸市災害受援計画」を策定した。これは、大規模災害時に他の自治体や機関からの応援を迅速かつ効率的に受け入れられるようにするための実用的なマニュアルである。その特徴としては、災害時の受援の総合窓口としての「応援受入本部」の設置や受援担当者の指定などが盛り込まれている。[11]

●――文献

（1）金吉晴編『心的トラウマの理解とケア　第二版』じほう、二〇一三年、参照
（2）高木慶子『悲しんでいい――大災害とグリーフケア』ＮＨＫ出版、二〇一一年、二五頁、参照
（3）あしなが育英会ＨＰ　(http://www.ashinaga.org/activity/care.html)
（4）復興庁「震災で親を亡くした子どもへの支援の状況について」二〇一五年
（5）文部省「非常災害時における子どもの心のケアのために」一九九八年、五頁

（6）同前、六頁
（7）前掲書（1）参照
（8）内閣府（防災担当）「地域の『受援力』を高めるために」
（9）総務省消防庁『平成二七年度　消防白書』参照
（10）宮城県「東日本大震災――宮城県の六か月間の災害対応とその検証」二〇一二年、一九〇頁
（11）神戸市ＨＰ（http://www.city.kobe.lg.jp/safety/prevention/relief/）

第3章

助ける人々

[1] 自助・共助・公助

大規模災害は、私たちが大切にしているさまざまなものを奪い去っていく。そのなかで、第一に守り、助けなければならないものがある。それは、命である。命は、かけがえのないものであり、財産より、仕事より大切なものである。

この命を助けるという行為は、近年の防災対策では「自助」・「共助」・「公助」という考え方をする。つまり、自分や家族の命を守ることを「自助」と言い、地域コミュニティにおいて隣人が互いに助け合うことを「共助」と言い、公的機関による救助、復旧活動を「公助」とし、それぞれが役割を持って機能することが求められているのである。

ところで、この「自助」「共助」「公助」という考え方は、一九九二年、EUと加盟国との間で締結されたマーストリヒト条約のなかで掲げられた「補完性の原理」から来ている。補完性の原理とは、「第一に、あらゆる意思決定は、できる限り個人、個々の市民に近いところで行われるべきである、つまり下位にある社会単位ほど優先されるべきである。第二に、上位にある社会単位は、下位の社会単位がある機能を行使する能力に欠ける場合、下位の社会単位を『補助』、『補完』する立場に立つ。この場合、この『補助』『補完』する機能は、上位の社会単位の、下位の社会単位に対する義務として位置付けられる。第三に、上位の社会単位が下位の社会単位を『補助』する場合であっても、足らざる部分を『補助』ないし『補完』する限度にとどめるべきである」という考え方である。(1) これが、防災対策に応用されたのである。

なぜ応用されたかといえば、阪神・淡路大震災の際に生き埋めになった人たちが救出された割合が、自助七、共助二、公助一という結果だったからである。つまり、大規模災害時には自助と共助が人の命を救うカギであり、それまで多くの市民が頼ってきた公助はあまり頼りにならないということが明らかになったからである。だからこそ、まず自分自身や家族の命を守り、それでもできないところを地域で助け、さらにそれでも不足する分は行政が担うことでより多くの人々を助けることになるというのだ。この裏には、大規模災害では、役所や消防、警察などの行政がすべての被災者を助けることは不可能であり、公助の限界があるということである。なぜならば、消防や警察などの人員や設備が大規模災害時に対応できる規模ではないことと、行政自体が被災して機能が麻痺してしまうような場合があるからだ。したがって、災害直後は自助、共助が重要になるのである。

しかし、ここで問題なのは、災害時に「補完性の原理」に基づいた自助・共助・公助の考え方が本当に有効なのか、ということである。下位の社会単位の足らざる部分を上位の社会単位が補完するという思想は、基本的に平常時には有効であろうが、非常時には必ずしも通用しない。なぜならば、非常時は一刻も早く人命を助けなければならない。このような緊急を要する場面では自助で足らない部分を共助が、共助でできないところを公助がという理屈では、助けられる命を失う可能性が高い。また、平常時からそのことを想定して自助・共助・公助のシステムを構築していても、その通りにならないのが災害である。

結論からいえば、相補完的な関係でなければならないのだ。つまり、公助の補完として共助があり、共助の補完として自助があると同時に、自助の補完としての共助であり、共助の補完としての公助なのである。さらに、公助の補完としての自助、自助の補完としての公助もあり得るのだ。このような相補完的な関係が機能することで被害を最小限に抑えることができるのである。そのことを前提に、災害時を想定して、すべての立場で最善をつくして一人でも多くの人命を守るためには、この自助・共助・公助の三つがいかに効率よく機能するかが重要なのである。

もう少し詳しくいえば、多くの場合、災害直後は自助が中心となる。まずは、自分の身と家族の身を守る、あるいは自分の身と周りにいる人、たとえば教師であればそれは生徒であり、会社員であれば同僚であるかもしれない。とりあえず、私と私のすぐ近くにいる人を守ることになる（自助）。その次に、地域や周りの人たちを救い出す（共助）。そして、消防などが駆けつけて救助を行う（公助）。その後も人命救助は一刻を争うため、消防や警察とともに市民も可能な限り救助活動を続ける（公助と共助）。

災害後、避難所での生活が始まれば、当面は被災者同士で助け合いながら生きていくことが大切であり（共助）、次第に地方自治体や国からの支援が充実してくる（公助）。さらには、被災地外からのボランティアがサポートする（共助）、ということになる。つまり、局面によってあるいは時間の経過にそって、それぞれの役割の比重が変わるのである。

一方、災害前の備えということで考えれば、それぞれの家庭で耐震対策や備蓄などの備えを怠らない（自助）、それと同時に地域コミュニティでの防災訓練や備蓄にも地域全体で取り組み（共助）、行政も災害時対応の施策を積極的に進めつつ（公助）、三つが有機的につながるようなシステムを構築していかなければならないのだ。

このように、防災における「自助」「共助」「公助」は、必ずしも補完しあうというだけでなく、それぞれが役割分担しつつも相互補完的に最善の活動を行わなければいけない。

1 自助

自助とは、いま述べたように、自分の命や家族の命を守ることであり、そのためには災害に備えることでもある。

自助で最も大切なことは、家族全員が災害を想定して、いかに自分たちの命を守り、その後の被災生活を乗り切るかということをイメージし、シミュレーションすることである。具体的な備えを、イメージとシミュレーションに基づいて実施していくことで、災害が起きた時に強い意志をもって冷静に的確に行動することができるようになる。

２ 共　助

大規模災害時の共助には、大きく分けて二つある。ひとつは、地域コミュニティにおける助け合いである。いわゆる互助的な活動である。もうひとつは、災害ボランティアといわれる被災地内外でのボランティア活動である。まず、地域コミュニティの助け合いとしての共助についてであるが、いざというとき頼れるのは隣人、とくに、大規模災害の場合は、多くが被災者同士で助けあうという構図が生まれる。災害直後は、被災した人の命を助けるのは、その際に近くに居合わせた人である。阪神・淡路大震災時、家屋の倒壊などによる自力脱出困難者約二万七〇〇〇人を助けたのは近隣住民で、生存率は八割を超えていたといわれる。この共助を組織的に強化し、いわゆる地域防災力を充実、向上させるために、自主防災組織がある。また、これに類するものとして、「婦人（女性）防火クラブ」、「幼年消防クラブ」や「少年消防クラブ」が設置され、全国でさまざまな活動を行っている。

次に、災害ボランティアであるが、これは被災地域のみならず、全国から、あるいは世界からボランティアが駆けつけ、被災者の支援を行う活動であり、おもに災害後の避難所支援や復旧の支援が中心になる。詳しくは、第４章で述べる。

3　公　助

公助と一言でいっても、大きく分けて三つある。まず、国と都道府県と市町村であり、それぞれの役割が違う。直接的な被災者救助ということに限定すれば、市町村での中心的な役割を果たすのが消防であり、都道府県レベルでは警察、国レベルでは自衛隊や海上保安庁ということになる。それぞれが、高度な専門的知識や技術、組織力、迅速力をもっている。それにもかかわらず大規模な災害直後の公助による被災者救助が限定的になるのは、先にも述べたようにその人員や設備の規模から考えて当然のことである。たとえば、阪神・淡路大震災が起きた神戸市は、人口一五〇万人程度であるが、それに対して消防職員は一四〇〇人弱しかいない。大規模災害時には被災者すべてをカバーすることはできないのである。また、大規模災害では消防署自体が被災したり、消防職員が被災したり、さらには消防署から現場に駆けつける道路が壊れていたり、崩壊した住宅が道路を塞いでいる場合も多くあった。さらに、火災現場では消火しようにも水が出ない状況が多々あったのである。

このように公助は、限定的にならざるを得ない面が多くあるが、専門性の高い救助力をもっており、自助や共助ではどうしようもない状況にある被災者を救う可能性をもっている。それだけに、その能力をいかに組織的に、迅速に機能させるかが大きな課題といえる。

［2］人間として

人間は、なぜ人を助けるのだろうか。地震で瓦礫の下敷きになった近所の人を救いだしたり、見ず知らずの子どもがおぼれているのを命がけで助けたりする。なぜだろうか。

ここでは、人間が人を助ける時にその究極的な行いとして、人の命を助けるのはなぜかということの本質について、「死」をキーワードとして考えてみたい。なぜならば、「このままでは死んでしまうかもしれない」と思うからこそ助けるからである。

1　死とは

人間の存在は永遠でなく限りのあるものであり、自分が、あるいは家族が、恋人が、親友がいつかは存在しなくなる。そして、そのことに関して人間は無力であるということ、つまり死を回避することは絶対にできない、ということが明確である。もしかしたら、死に方によっては、死ぬ瞬間はたいして苦痛でない場合もあろう。しかしながら日常において死を考えることは人間にとって、不安であり、恐怖である。なぜならば、死を経験した人は誰もいないからだ。また、死については、日頃は忘れている場合が多く、考えたくもないのだが、人間の人生の時々に考えざるを得ない問題でもあるのだ。ハイデッカーは、人間を「死への存在」と規定している。[2] つまり、人間だけが死を自覚しており、人間は生まれた時から死へ向かって生きているのである。

村上陽一郎は、死の人称について論じている[3]。

まず、死は三人称として現れる。しかし、三人称の死は、「私」にとっては単なる客観的な事物の消滅であり、自分の前に立ちはだかる未知の深淵としての死を考えるには何の意味もないものである。

一人称の死は、決して体験されることのない未知のものである。生きている間は体験できず、死んでも体験できない、ということで論理的には知りえないものである。では、知りえないものに対しての恐怖はどのような形をとるのだろうか。おそらく死への恐怖は、人が人間であることの証明であるといえるだろう。私たちは、いつも人間関係のなかで生きてきたが、死においてはいっさいの関係性を失い、ただ一人で死を引き受けなければならないのである。このことへの恐怖が、人が人間として生きてきたことへの証明ともなるのである。

一方、二人称の死は、他者の死であるが、自分の死に限りなく近いものである。それこそが人の人間たる証明でもある。デカルトを代表とする西洋的近代的自我は、「私」を孤立したものとして外界から隔絶された存在として扱ってきた。

しかし、「私」は同時に「われわれ」でもある。つまり、私とあなたの関係の中で生きてきたのであり、「あなた」の死を「私」は、自分の死であるかのように掴むことができるのである。

2　死と過去の記憶

死について考えてきたが、ここで重要なことは、死そのものの恐怖や悩みも含めて、それらはすべて私たちが死を知っているということから起因する。

死後の世界はわからないが、少なくとも個体としての肉体はいつか朽ち果てるのである。私たちは、人間は必ず死ぬということを知っている。そして、当然のこととして人間のなかの一人である自分自身も将来、あるいは次の瞬間、死を迎えるであろうということはわかっている。

ところで、この死という概念は、先にも述べたように、おそらく人間だけのものである。どういうことかと言えば、すべての動物のなかで人間だけが死ぬということを知っているということである。

猿や犬に直接聞いたことはないが、おそらく動物に死という概念はない。猿や犬が、自分自身がいつかは死ぬ存在であるということは認識していないであろう。なぜなら、猿や犬には、過去や未来はほとんどなく、今だけを生きているからである。

それでは、なぜ人間は死を知っているのか。それは、人間が現在だけでなく過去も未来も含めて生きているからである。つまり、人間だけが未来を予測できるのである。死ぬという概念は、じつは、未来予測に基づいている。

私たちは、今、生きている私自身に将来起こるであろう死という出来事を予測しているのである。その予測は一〇〇パーセントの確率で当たるのであるが、それはあくまで予測である。猿や犬は、自分の将来のことを考えたり、それに基づいた行動をしたりはしない。したがって、大学に入るために勉強もしないし、オリンピックに出場するためにトレーニングも行わない。一週間のスケジュールを立てることもしない。つまり、猿や犬は、今だけを生きている。お腹が減ったから餌を食べる、眠たいから寝る、ということで生きている。熊は冬眠に備えて秋に多くの食べ物を食いだめするし、イソップ物語のアリたちは巣のなかに食料を蓄える。しかし、それは本能のなせる技であり、未来予測という思考に基づいた行動ではない。それに対して人間は、長年の経験に基づいて年間や週間スケジュールを予想して作り、試験の日程などを予定表に書き込み、将来のために勉強し、試合に勝つために練習をする。さらに、大それた事にというか、楽天的に平均寿命を前提に、ライフプランやライフデザインと称して何十年先のことまで希望的予測をたてて生きている。

このように、未来を予測したり、計画したり、考えたりする能力を人間はどのようにして獲得したのであろうか。それは、過去の経験や記憶がもとになっているのである。たとえば、春の次には夏が来る、夏の次には秋が来て、その次に冬が来るのは当たり前のようであるが、じつはこれは未来予測である。この予測は、人間の長い経験のなかで、つまり過去の経験から、日本では春夏秋冬というように季節が巡るという自然の法則を経験や観察から導き出したのである。これと同じように、人間は、周りの人間が死ぬということを経験し、すべての人間はいつかは死ぬという法則を見いだしたのである。

それに対して、動物に過去はほぼない。なぜならば、過去は記憶によるものだからだ。記憶があるからこそ、今までに経験したことや聞いたことを覚えているのである。覚えるからこそ過去が存在する。記憶こそが過去を形作っているのである。高等動物には、記憶が少しはあるといわれている。ただ、それは非常に短い時間であったり、限られたものであったりする。たとえば、犬は相当の記憶力があるといわれており、何年も前のことを覚えているといわれるが、それでも過去についてははっきりとは意識されていないのである。このことに関して、平岩米吉は、「少なくとも、犬における『過去』は、われわれの生活におけるような系統だって組織され、持続して『現在』に直結しているものではないのである(4)」と述べ、「犬には現実の欲求だけが大切なのである。目前の自由、目前の愛憎、目前の食欲——これらが彼を支配するすべてではあるまいか(5)」と述べている。つまり、相当記憶力のある犬においても、それは継続的な記憶ではないのであり、系統的ではなく、したがって記憶の中に過去は形作られていないのである。

このように、人間の記憶力は、他の動物に比べて圧倒的に優れている。この記憶のよさが、人間に過去をもたらし、未来をあたえたのだ。その結果として人間に死という概念をもたらし、また自分もいつかは必ず死ぬということを自覚させることになったのである。記憶が人間に最も深刻な悩みをもたらしたのだ。

３　救命

生物のなかで人間だけが殺すという行為をおこなう。その理由は、人間が死という概念を持っているからである。しかし、その一方で、人間は人の命を救うのである。なぜだろうか。その理由も、人間は人間が死ぬということを知っているからだ。死ぬから死なないように助けようということになる。不死身の人間がいたとすれば「絶対に死なないのだから」命を救う必要はない。人間が死ぬ存在だからこそ、救命しようとするのである。

しかも、その命は人間一般としての命であると同時に、唯一、一人しか存在しない固有名詞としての個人である。死ねばその人は金輪際この世には戻ってこないし、その後同じ人が現れることもない。人間には自我があるので、その存在はこの世で唯一のものである。唯一の存在だからこそ、その命を守らなければならない、助けなければとりかえしがつかないことになる。この思いに駆られて人間は、他人の命を救うのだ。

それでは、人間は誰を救うのか。もちろん、一人称としての自分である。命の危険が迫った時、たとえば戦場において敵に撃たれないように身を沈めたり塀に隠れて自分の身を守ったり、災害時にいち早く安全な場所に逃げたりというように、自分の命を守る。また、人間は、そんな窮地に陥った場面だけでなく、日頃から健康のことを考えて食事を制限したり、スポーツをして命を長らえようとしたりもする。とにかく、人間は自分の命を守り、助けようとする。

次に人間は、自分の家族や恋人、友人、親しい人、近しい人の命を救おうとする。言葉を換えれば、私にとって二人称の存在に日常的になっている人を救おうとする。このような人の多くは、自分にとって大切な人であり、愛する人である。人間は唯一、一人の存在であり、自分が大切であるが、それと同じように大切な人、愛する人を大切に思う心がある。この場合、大切な人、愛する人というのは、まさに「われわれ」という関係である。この「われわれ」というのは、村上が「主体の集合体としての『われわれ』は、前個我的『われわれ』状況のある変型として考えるべきではないか」[6]と述べているように一人称と二人称が渾然となった状態から生じてきたものである。つまり、生まれたばかりの赤ちゃんは自我がない。身体的には母親と分離したが精神的には母子一体である。赤ちゃんにはまだ「私」という自我はないし、母親も我が子に対する意識は自分の一部としての赤ちゃんである。その証拠に母親は赤ちゃんに「お母さんは僕のこと大好き」などと一人称も二人称も混同して使っていることがある。この場合「お母さん」は子どもから見た「私」であり、「僕」は子ども自身が自分を呼称するときに使う言葉である。したがって、他者から見た二人称の言葉である「お母さん」を自分を表す一人称として使い、「僕」という他者の一人称をその他者を二人称として呼ぶ際に使っているのである。しかも日本人はこのような言葉遣いを子どもが大きくなってもしている場合があり、日本の親子はいつまでたっても前個我的な関係が続いているといえる。

それはさておき、このように近しい人に対する関係は、「われわれ」に代表されるように、社会的な動物である人間が人と人との関係性のなかで生きているが故に必然的にある。したがって、「われわれ」に属する他人の命は自分の一部であり、もしその命が失われるようなことがあると、まさに「身が引き裂かれる」のである。

しかし、人間が他人の命を救おうとするのは、それだけではない。人間は、見ず知らずの人をも助けようとする。おぼれた子どもを助けようと川に飛び込む勇敢な人々がいることを私たちは知っている。また、レスキュー隊の人々は仕事とはいえ、救命の使命感に燃えている。これは、いわゆる個人的な愛を超えている。宗教的にいえば、博愛ということになるのだろうか。

普通、三人称で呼ばれる人々、とくに見ず知らずの人々や他国の人々については、自分とは直接関係のない人であり、その人の命が危うくても、たとえ死んでも所詮他人事であるはずである。しかし、実際に見ず知らずの人を助ける人がいる。それは人間の精神が、身体を超えて世界に広がっているからである。私たちは、行ったこともない国のことを想像できるし、そこに住む人々の気持ちを慮ることができる。そしてその精神の指向性が見ず知らずの人を三人称から二人称へと移行することになるのだ。つまり、「われわれ」意識が生まれるのだ。その瞬間、人間は居ても立ってもいられなくなる。救わなければならないという使命感が湧いてくるのである。

さらに、人間は犬や猫、イルカなどの動物の命まで必死になって助けようとする。この時、人間は、動物を心のなかで擬人化しているのである。擬人化し、三人称から二人称へと移行し、犬や猫を「われわれ」の中に引きいれているのだ。その擬人化の奥には、動物にもたましいがあるという日本的な思想が流れていると考えられる。「われわれ」意識が、照射される範囲が広がれば広がるほど、助けようという対象も多くなっていくということである。

ところで、人間は他者の命を救うために時として自分の命をかけたり、引き替えにしたりする。自分の命より大切な命があるということである。人間の命は唯一のものであり、いったん死んでしまったら二度ととりもどせない。だからこそ、大切なものであり、かけがえのないものである。このかけがえのない命をかけがえのない自分の命をかけて助けようとする。そこに死を超えた人間の生き方がある。

４　「たましい」と支援

大規模災害時には、たましいが揺れる。ここでいう「たましい」とは心とは違う。心は、「私」の心であり、個としての存在である。それに対して、たましいは、私を超えた、個を超えた存在である。つまり、すべての人間とつながり、自然とつながった存在であり、したがって神ともつながった存在であり、一種のエネルギーと捉えることができる。まず、被災者のたましいが揺れる。そして、支援する者たちのたましいも揺れている、揺らされているのである。つまり、大規模災害時にたましいが揺れるのは、被災者だけではない。救援者のたましいも激しく揺れると考えられる。

筆者は日本政府の国際緊急援助隊医療チームの隊員である。医療チームの隊員は全員がボランティアである。なぜ、緊急援助隊に入っている人たちは、危険を顧みず他国の人を助けに行くのだろうか。

ボランティアについては、いまだに偽善的行為と考える人がいるが、自分の命をかけてまで偽善的行為をすることはまずないであろう。また、ボランティアは自分のキャリアアップという人もいるが、これもキャリアアップのために命をかける必要もない。それでは、もっと純粋に困っている人を助けるために、ということになる。確かに、緊急援助隊の仲間に話を聞くと、「命を救うため」「困っている人々を助けるために」という答えが返ってくるが、命をかけてまでなぜするのか、と問うと「理屈ではない」と答える。まさに、理屈ではないのである。命をかけて人を助けるということは、個人の問題として完結した理由など見当たらないのだ。私の「たましい」が揺れる、というより奥深いところから揺らされているようなのだ。つまり、人間としてつながったたましいが揺れるのである。

東日本大震災においても、地震が発生した直後から、筆者のたましいは激しく揺れて、「はやく現地に行かなければならない」という使命感が湧きあがってきたのである。

［3］隣人として

人間は、一人では生きていけない。人と人の関係性のなかで、生きている。そのなかで、災害時に助け、助けられる関係にあるのは、家族・親しい人の次は同じ地域に住む人々である。いわゆる共助である。先にも述べたように、近所の人たちが、いざという時に助け合うことで、多くの命を助けることができるのである。地域コミュニティにおける日常の支え合いが、災害時の助け合いに直結するのである。

1　わが国の地域コミュニティ

かつて、わが国の地域社会は、近所づきあいが密であり、地域の年中行事や祭りなどを通じて信頼関係や相互扶助による人間関係が成立していた。また、子ども会や青年団、婦人会などさまざまな集団生活の場があり、そこが地域の伝統や人間形成の教育の場となっていた。

昔から「お陰さま」「お互いさま」「お世話さま」などの言葉に代表されるような輪廻の思想がある。これは、いわゆるギブアンドテイクであり思想的には利己的にも思えるが、そうではない。ここで求める見返りは、なんの保障もなく、ただそう信じる、さらにその見返りは自分でなくてもよく自分の子どもや孫、さらには近所の子どもでもよい。また、生まれ変わってから返ってくるというように現世で実現しなくてもよいというものである。つまり、実際には人のための行動、利他的行為とつながる思想である。

とくに、江戸時代には互助組織が発達し、たとえば「町火消し」は、町人が自治的に設けた消防組織である。また、地域や村には、貯蓄や金の融通のために民間の組織した講《こう》という相互扶助の団体があった。たとえば、頼母子《たのもし》講は、一定の期日に構成員が掛け金を出し、くじや入札で決めた当選者に一定の金額を給付し、全構成員に行き渡ったとき解散するというものである。また、伊勢講とは庶民のあこがれであった伊勢参りを実現させるためのシステムである。「講」の所属者はそれぞれお金を出し合い、それを合わせて旅行費に充当する。誰が伊勢に行くかは「くじ引き」で決められる仕組みだが、「講」の全員がいつかは当たるよう配慮されていた。くじ引きの結果、選ばれた者は、「講」の代表として伊勢へ旅立つのである。

さらに、義倉《ぎそう》や社倉《しゃそう》という危機管理対応のシステムもあった。飢饉に備えて穀類を蓄えておく制度であり、そのための倉が設置されていた。

明治以降も戦前までは、わが国の社会は地縁や血縁によって結びついた集落で構成されており、大家族で生活し、地域での近隣の付き合いも深く、なにかがあれば家族内や近隣での助け合いが自然に行われていた。町内会や自治会、青年団、婦人会なども、地域に根ざした親睦、共通の利益の促進のための任意団体として機能してきた。また、江戸時代の「町火消し」は明治以降も、消防団として地域の消防や災害の対応に当たってきた。

ところが、高度経済成長期を通して、地域社会生活はかつてのつながりを失った。豊かな生活と引き換えに地域社会におけるかつての人間関係や伝統的な生活様式が失われたのである。戦後の経済成長が、急激な人口変動と移動を引き起こし、都市に人口が集中し、地方に過疎をもたらしたのである。

具体的には、都市では、人口が集中し、住環境の悪化や慢性的な交通渋滞のほか、単身者の増加や核家族化が進んだ。また、企業において転勤が一般化したため、住居者が流動的になり、地域の人間関係が希薄になり、地域コミュニティが形成しにくくなったのである。一方、地方では人口の急激な減少による過疎化と高齢化により地域コミュニティ自体が消滅する危機に直面している。

さらに現在では、町内会や自治会や青年団が成立しない地域コミュニティが増えており、また、存在はしているもののあまり活動していない組織も多くなっている。

このような現状に対して、近年、地域コミュニティをいかに再生させるかが、大きな社会的課題となっている。なぜならば、人間が、安住できる場所とは、単に住む家があり、便利な生活が送れるというだけではない。身近に信頼できる人間関係があり、お互いがコミュニケーションをとり、時には助け合い、時には競い合い、時には一緒に遊び、時には学び合う場があることである。

とくに災害時における助け合い、支えあい、つまり共助は地域コミュニティのなかで育まれてこそ防災力として機能する。その中核をなすのが、地域コミュニティの重要な危機管理システムとしての消防団と自主防災組織である。しかし、近年、消防団は都市、地方とも人員の確保が難しくなっている。

一方、自主防災組織は、地域住民が「自分たちの地域は自分たちで守ろう」という連帯感に基づき自主的に結成する任意の組織で、町内会や小学校区を単位として結成されている。平常時は、防災訓練や啓発活動を行い、災害時には避難所運営などに当たる。阪神・淡路大震災以降、その結成率は急速に進み、二〇一四年（平成二六年）の時点でその数は全国で約一五万六八四〇であり、その組織率は、八〇・〇パーセントである。[7] これだけをみれば相当充実しているように思えるが、その実態は、必ずしも数字に見合うような状況ではない。会員の高齢化や防災意識の低さにより、研修会や訓練に参加する人数がきわめて低い。また、そのことによる救助技術や避難技術の低さから災害時に機能するかが不安視されている。

2　ソーシャル・キャピタル

地域コミュニティの再生を目指して、近年、ソーシャル・キャピタルという概念が注目を浴びている。アメリカの政治学者ロバート・パットナムが、アメリカにおいてソーシャル・キャピタルが減退していると指摘したことを契機に世界的に注目を浴びている概念である。

ソーシャル・キャピタルとは、地域コミュニティを構成するメンバー間のネットワークやそのネットワークから生まれる規範、その背後にある信頼関係であり、それらが地域コミュニティの共通の目的に向けて効果的に協調行動へと導く社会組織の特徴である。物的資本や人的資本などと並ぶ概念であり、「社会関係資本」などと訳される。

つまり、社会の人間関係を社会資本と見なすのである。これは、物的資本や人的資本とは違い目には見えないが、人々の精神的な絆を強める資本であり、社会の有効性や効率性を高める重要な要素と考えられる。

地域コミュニティが主体的に連携して地域を活性化し、いわゆる地域力を発揮するためには、その地域の人たちの間に相互の「信頼関係」（社会的信頼）と「ネットワーク」と「互酬性の規範」が必要である。なお、互酬性とは、いわゆる「お返し」であり、人から何かもらったり、してもらったりしたら、こちらも同じ価値でなくてよいから何かの形でお返しをするということである。これらを平たくいえば、昔からの近所づきあいをいかに機能的に広範にわたり機能させるかということである。

一方、コミュニティの課題を市民が主体となって連携して解決することで、その地域の人々の「信頼関係」「ネットワーク」「互酬性の規範」が高まる、すなわちソーシャル・キャピタルが高まっていくと考えられるのである（図

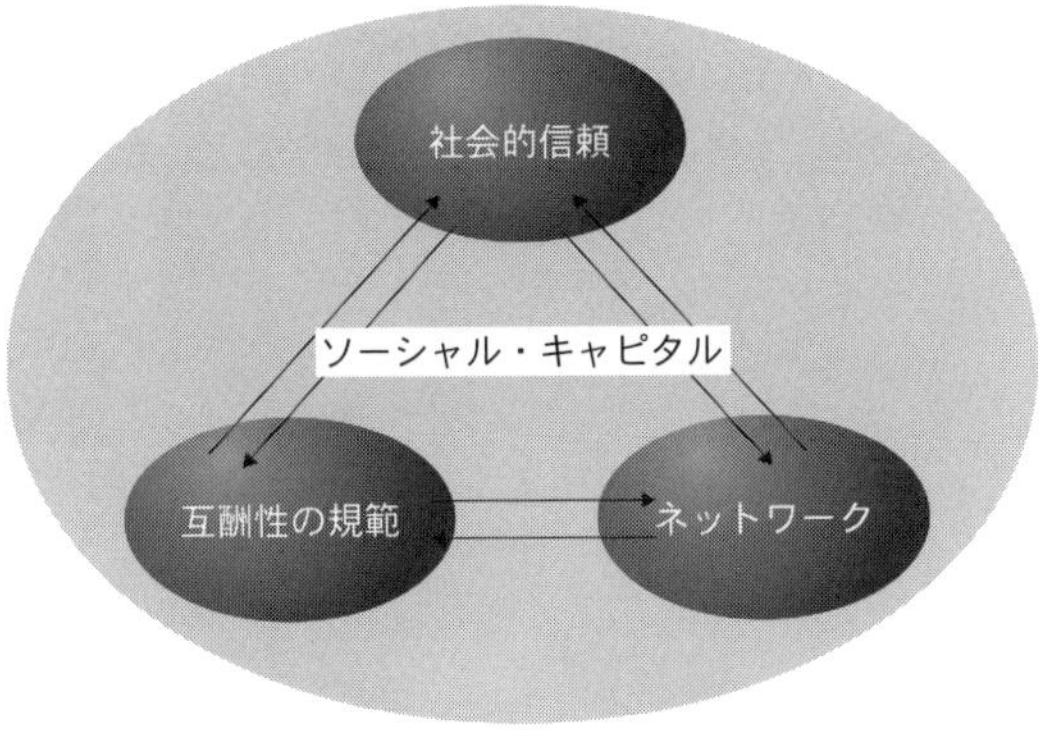

図 3-1　ソーシャル・キャピタルの概念イメージ
（内閣府「平成 14 年度　ソーシャル・キャピタル――豊かな人間関係と市民活動の好循環を求めて」2003 年）

3-1）。

内閣府の調査によると、都道府県別にみた場合、ボランティア活動が活発な地域は犯罪発生率が低く、ボランティア活動が活発でない地域は犯罪率が高いという傾向にあるという結果がでている。さらに、ボランティア活動が活発な地域は失業率が低く、出生率が高いという傾向がある。[8]

このことは、ボランティア活動という市民の主体的な活動が、地域コミュニティの信頼関係を高め、ネットワークを構築し、お互いが助け合うという規範を形成するのに役立った可能性が高いといえる。また、逆に三つの要素がそろっていて、ソーシャル・キャピタルが高い地域コミュニティはボランティアが盛んだという見方もできる。これはどちらが正しいということではなく、互いの相乗効果として捉えるべきものであろう。

ところで、防災、とくに共助という観点からソーシャル・キャピタルを考えた場合、「信頼関係」（社会的信頼）と「ネットワーク」と「互酬性の規範」が構築されているということは、災害への備えや災害直後の助け合い、さらには復旧・復興過程において大きな力となると考えられる。さらに、逆説的に考えれば、地域コミュニティ内での防災への備えや復旧などに関する市民同士の話し合いをきっかけに地域コミュニティ内での市民同士のネットワークが強化され、互酬性の規範や信頼関係が醸成されるという効果が期待でき、防災活動によってソーシャル・キャピタルが活性化することにもなる。

このようにみてくると、地域コミュニティの再生、活性化は市民による「分かち合い」の原理にもとづくソーシャル・キャピタルの構築、あるいは醸成ということになろう。

ただ、ここで留意しなければならないことは、地域コミュニティ限定のソーシャル・キャピタルの強化は、閉鎖的・排他的なコミュニティを形成してしまう可能性がある。このことは、昔の日本の閉鎖的な村意識に繋がるものである。それを避け、よりよい社会を形成するには、地域コミュニティ内のソーシャル・キャピタルを高めるだけではなく、地域コミュニティをいかに開放的にするか、あるいは地域コミュニティ間のソーシャル・キャピタルの形成をいかに目指すか、ということになろう。それ以外にも、たとえば地域コミュニティと大学や企業、NPOが連携したなかでのソーシャル・キャピタルの形成、あるいは地域コミュニティのなかに大学や企業、NPOを取り込んだ形でのソーシャル・キャピタルの形成など、さまざまな形態が考えられる。

[4] 市民として

市民という言葉にはいろいろな意味合いがあるが、ここでいう市民とは、「私は神戸市民です」という時の行政区分における市民ではなく、政治的共同体としての国や都道府県、市町村の構成員としての「私」や「私たち」のことである。つまり、民主主義の社会に生きる私たちは主権者としてわが国の政治に公民として参加し、構成しているのである。

1　市民意識

市民という概念は、ヨーロッパがその発祥の地である。ヨーロッパにおける市民という概念は、古代ギリシャのポリスにおける市民意識にはじまる。この市民意識とは、市民という特権であり、それはポリスを守るという義務とその誇りであった。民主制もその特権をもった市民における民主主義だったのである。中世都市共同体においては、個人が主体的・合理的な態度をもち、権利と義務を自覚し、自治と連帯を志向し、その生活を脅かす者には抵抗し戦う姿勢をとることにつながっていった。ここでも市民は一部の商工業者たちの勝ち得た身分であった。さらに、それがヨーロッパの近代社会の精神的骨格として受け継がれ、一七世紀半ばのイギリス革命、一八世紀後半のフランス革命を経験しつつ、現代の市民意識が確立しているといえる。つまり、ヨーロッパの市民意識は、市民としての身分を得られるという特権とそれに対する誇り、それを守るための義務が前提にある。

そして、近代以降、近代的自我の確立とともに、個人の意思や自由、権利を主張するようになり、市民の自覚として、あるいは市民の概念として成立した。このような流れの中、市民意識とは古くからある「公共」と近代以降に組み込まれた「私」が重層的に重なり合ったものなのである。したがって、現代においてもいざというときは、公共のために戦うということも辞さない精神性がある。自分たちが作ったコミュニティや国家は命をかけて守るという自覚があるのである。つまり、自分たちの国家における権利と義務が明確化されているのが市民ともいえる。(9)

ひるがえって私たちの社会をみてみよう。日本は、専制国家でもなければ軍国主義の国家でもない、民主主義の国家である。つまり、日本政府は私たちによって、私たちの投票で選ばれた議員によって構成されているのである。昔のように「お上」に押し付けられて、生活しているのではない。したがって、政府対市民という対立関係や上下関係はない。政府を作っているのは、私たち市民なのである。政治に問題があるのならそれは運用の問題や市民の選択の間違いの問題である。したがって、私たちは、欧米の市民と同じように市民としての権利と義務があるのだ。このことを自覚しなければならない。なにか問題があったら、選挙で政府をかえればよいし、システム上の問題なら、システムそのものを改良すればよいのである。一人ひとりの市民が国を形成しているという意識は、公共性の原理にのっとっていなければ成立しない。個人の、私の利益だけを考えていたのでは、社会は成り立たない。私たちには、市民としての権利と義務があるのだ。

2　公共と社会貢献

「公共」とは個人の実現したい価値とは違って、社会的に共通に実現していくべき価値である。個人の利益と社会の利益を考えて、どちらが合理的に有益であるかを選択して、社会の利益が合理的に有益であると判断された時に公共が成り立つのである。

ところで、この公共意識は、アメリカでは、たいへん発達している。その経緯をみてみると、約四〇〇年前にイギリスから人々がボストンあたりに移り住み、それから西に、南に勢力を広げていき、広大な土地を幌馬車に乗って牛を連れて、もともとすんでいるインディアンを征服しながら自分の土地にしてどんどん勢力範囲を広げていった。フロンティア精神はアメリカからできてきた開拓精神である。イギリスから自由を求めてきた人、ヨーロッパからやってきた人たちがどんどん開拓していき小さな政府ができたのである。日本では「お上」という言葉がある。お上とは、日本政府、県庁、小さいところでいえば市役所である。私たちは、政府や行政になんとかしてもらおうという感覚が強い。お上は怖いけれど逆に守ってくれる、いろいろなことをしてくれると思っているのである。それに対して、当時のアメリカは何もしてくれなかった。ある場所にずっと住んでいれば町ができて市役所の人がいろいろなサービスをしてくれるようになるが、どんどん西に向かって移動しながら開拓していったからである。いまの日本では、金儲け以外の福祉や教育は政府とか市役所がやってくれる。しかし、当時のアメリカではそれをやってくれる立場の人がいなかったのである。だからといって、自分のことだけ考えて、自分ひとりで何かをしようとしても限界がある。大したことはできない。したがって、たとえば福祉や教育を、自分たちで、地域のみんなでやるしかなかった。そのために、アメリカでは早い段階からＮＰＯなどの組織ができたのである。このように、「自分たちの命は自分たちで守る」、「自分たちの福祉は自分たちでしないといけない」「自分たちの子どもの教育は地域で面倒をみなければいけない」というように「私」を超えて、「私たち」意識が高まり、それが公共性につながっていったのである。

この公共という意識は、日本では「市民」と同じように、あまり意識もされておらず、「公共」というと政治とか行政、もっと身近に言えば市役所の職員が担当している仕事というようなイメージが強い。わが国では公共性を維持するのは役所、「お上」という意識が昔からある。したがって、市民といった場合、それは私的な利益を追求したり、役所に対して反対したりクレームをつけたりという側面が強調されすぎてきたように思われる。また、公共を意識したら国や行政との対立関係として捉えるという、いわば未成熟な関係が生じてしまっている。それを改善するには、日本人も、もっと公共の場において、公共の人として、つまり市民としての生き方を確立し社会を自分たち市民が作っていくという自覚が重要である。

たとえば、わが国では、ボランティア活動は根付かないとよくいわれるが、その理由は「市民意識の薄さ」「公共性の欠如」にあるといわれる。

このように、市民としての意識、公共の意識は、いまだに低いといわざるを得ない。市民の本来の意味は、公共性の形成に自律的・自発的に参加するということである。これは、市民が、自分自身のこと以外に自発的に関わり活動するということである。まさに、それこそがボランティア活動なのである。これからは、成熟した市民社会を形成するためにも公共性を意識したボランティア活動の普及、定着が求められる。

3　主体的義務観としてのボランティア

もう少し現実的なことをいえば、現代においてすでに行政サービスの限界が見え始めており、これからの社会は行政が公益事業のすべてをカバーできなくなる。つまり、政府が小さくなると、行政により実現する公益事業は少なくなる。たとえば、老人介護も行政サービスだけではまかないきれなくなるのは歴然としている。これを補うのがまさにボランティアである。補うというより、より積極的に市民がボランティア活動を通じて公共を自発的に形成していくことが、地域コミュニティの形成やそれに根ざした国際交流、協力活動の盛んな社会を作っていくことになる。なぜならば、行政では手が届かない、人と人のつながりや多様なネットワークの形成、顔が向き合ったきめ細やかなケアなどの積み重ねが、現在忘れ去られようとしている地域コミュニティの再構築とわが国の真の意味での市民による社会を形成するのである。

とくに公共性の高いボランティアの必要性は、大規模災害時に大きな役割を果たすということについて、私たちは阪神・淡路大震災や東日本大震災で学んできた。大規模災害時、行政ではどうしようもできない被災者救助や被災者支援活動は私たち市民が主体的かつ迅速に対応しなければならないということを痛感したのではないだろうか。

私たちが、市民としての権利を得て暮らしている以上は、当然義務が生じる。その義務は一般的には税金を払うことであるが、もうひとつ大切なことは公共のために何かをするということである。その何かのひとつがボランティアである。あえていえば、市民の「義務としてのボランティア」を自覚し、主体的に活動することが醸成した市民意識のひとつの具体的な表現形態といえる。

二一世紀において市民社会を発展させていくためには、公共性に基づいたボランティアは不可欠な存在である。個人の確立と公共性の形成、つまり主体性と社会性を兼ね備えた市民による成熟した社会を実現させることが、私たちが住み心地のよい社会を後生に残すことになる。

［5］企業として

1　CSR

大規模災害時の企業の支援活動は、東日本大震災を契機に大きな潮流となった。

その基本的理念は、ＣＳＲ（Corporate Social Responsibility）、つまり「企業の社会的責任」である。企業が社会に対して責任があるということは、どういうことか。企業は、営利目的で設立されたものであり、自社、あるいは株主や投資家のために儲けるのだろうか。そうとは言いきれない。企業と社会は別々のものではないからである。企業もまた社会を構成する一部として存在しているのであるから、必然的に社会に対して果たすべき責任があるのだ。これまでの企業では、ステークホルダー（利害関係者）といえば、株主や投資家のことを意味していた。したがって、かつて企業にとって株主や投資家のために金儲けをするということが最も大切なことだった。しかし、今や企業はステークホルダーを株主や投資家に限らずに、顧客や従業員、地域住民、社会、政府など、企業が存続するために支持を得ることが必要となるすべての人々や組織を対象としなければならないのである。なぜならば、社会に責任を果たし、持続可能な企業を実現させようとすれば、社会全体が利害関係者ということになるからである。したがって、それらすべてのステークホルダーから信頼を得なければ、CSRを果たしたことにはならないのであって、企業の存続も危うくなるのだ。

それではその責任とは、どのようなことであろうか。具体的には、「コーポレートガバナンス（企業統治）」、「コンプライアンス（法令遵守）」、「ディスクロージャー（情報開示）」、「環境問題への取り組み」、「危機管理」「社会貢献的活動」などが一般に企業が社会に対して果たすべき「責任」と捉えられている。つまり、企業は、自社の営利の追求だけではなく、社会の中に組み込まれた組織として確立し、法律を守り、透明性を保ち、環境を保全し、さまざまな危機対応を適切に行い、社会のためにも貢献する存在でなければならない、ということである。したがって、企業は、自社の営利だけを追求するのではなく、社会が持続的に発展していくために、どのような貢献をするか、ということを自ら考え実行していかなければならないのである。これがCRSであり、持続可能な社会の実現を企業が担うことで、社会の信頼を得、企業の持続的な発展もかなうということになるのである。

次に、災害時の企業の社会的責任として、直接関係があると思われる「危機管理」「社会貢献的活動」についてみてみよう。

２　危機管理

近年、企業の危機管理の重要性が叫ばれている。その大きな要因は、東日本大震災である。大地震による津波とそれに伴って起きた東京電力・福島第一原子力発電所の事故という未曾有の災害が重なったことで、多くの企業が危機的状況に陥ったのだ。これを受けて、わが国の企業は自社の危機管理のあり方の早急な見直しを迫られている。

とくに災害やテロなどの非常時の際の企業における危機管理は、企業の社会的責任の一部と捉えることが重要である。その具体的な内容は次の通りである。

(1) 社員やその家族などの安全の確保

大規模災害が起きて自組織が被災した際に、社員やその家族を守るために平常時から備蓄や避難訓練、連絡体制を整えておくことが求められる。

(2) 工場や社屋、機械設備、原材料、製品などの保全

企業資産をいかに保全するかということが、会社の存続や業務継続に直接かかわってくる。たとえば建物の耐震強化や原材料や在庫の保管場所の分散化などを推進する必要がある。

（3）地域住民の救助や支援

地域が被災した場合、ステークホルダーである住民の命を守るために、救助活動を行ったり、会社の敷地や建物を避難場所にしたり、製品を被災者に配ったりすることが求められる。

（4）業務や生産活動の早期復旧と継続

会社が被災しても、できるだけ早く復旧し業務を再開することが自組織の存続を可能にするだけでなく、地域や社会の復旧に貢献することになる。そのためには、自家発電所の整備や工場や本社機能の分散化、緊急時指示命令系統のマニュアル化と徹底が必要となる。

3　企業の社会貢献

企業の社会貢献には二つある。まず、企業活動そのものが社会貢献であるというものだ。たとえば、自動車会社は自動車を作ることで社会の発展に寄与しているという考えである。

次に、企業の本来業務とは違った意味での社会貢献がある。経団連は、企業の社会貢献活動を「社会貢献とは、自発的に社会の課題に取り組み、直接の対価を求めることなく、資源や専門能力を投入し、その解決に貢献すること[10]」と規定して、積極的に取り組んでいる。

企業における社会貢献活動は、ＣＳＲのなかでもとくに社会全体、一般市民にも見えやすく、企業の信頼を築くために大きな役割を果たすと考えられている。

ところで、従来、わが国では一般的に企業の社会貢献活動については、フィランソロピーとかメセナという言葉がよく使われてきた。

フィランソロピー（Philanthropy）だが、この言葉は、ギリシャ語の「愛する」という意味のフィロス（Philos）と「人類」という意味のアンソロポス（Anthropos）が語源である。したがって、その意味は、「博愛、人類愛」という意味であるのだが、今はもう少し広い意味で、ボランティアなどの「社会貢献」全般、あるいは企業の社会貢献活動を表すのに使われている。また、メセナ（mécénat）という言葉は、フランスで浸透している「社会貢献」を表す言葉であるが、日本では企業による文化・芸術に関する活動を指すものとして使われている。メセナは、わが国の企業が以前から活発に活動してきた分野でもあるのだ。これら、フィランソロピーやメセナは、CSRの社会貢献に含まれるものとして捉えてよいだろう。

アメリカでは、「社会貢献」は、一流企業のあるべき姿として捉えられている。さらに、最近は社会貢献をすることで業績を伸ばしたり、安定的に売上を確保したりするためにも効果があるということが企業に理解されるようになってきており、「経済的責任」を果たす一環としても社会貢献活動を捉えることができる。

日常における企業の社会貢献の必要性もさることながら、大規模災害時の企業における社会貢献は、被災者救援という意味において大きな意義がある。とくに、東日本大震災直後から企業の支援活動には目を見張るものがある。詳しくは第5章で述べるが、全国の多くの企業や企業家が緊急援助、生活援助、資金援助などさまざまな支援活動を行ってきた。これらの実績と経験は、これから起こるであろう南海トラフ巨大地震や首都直下地震などの大規模災害時の被害軽減や復旧・復興のための大きな力となると考えられる。

［6］行政として

行政は、私たち国民の命を守る責務がある。いわゆる公助であるが、災害時、行政がどのようなシステムで、対応するのか、また具体的に私たちの命を守ってくれる組織とはどのような組織なのであろうか。

わが国の災害対策に関する大本の法律は、一九五九年（昭和三四年）の伊勢湾台風を契機に制定された「災害対策基本法」である。この「災害対策基本法」は、災害対策全体を体系化し、防災に関する責務を明確化し、さらにわが国の総合的な防災行政の整備および計画的防災行政の整備について規定されている。災害対策については、「災害予防」「災害応急対策」「災害復旧」などが書かれている。また、わが国の防災の中核を成す組織として、中央防災会議がある。中央防災会議は、内閣総理大臣以下すべての閣僚や指定公共機関の代表、学識経験者から成り、防災基本計画の作成とその実施の推進や防災に関する重要事項の審議などを行っている。

それでは、国や都道府県、市町村などの災害発生時の対応に焦点をしぼりみていこう。

1　災害発生時の災害対策本部の設置

(1) 国

大規模災害が起きた際に、国は内閣府に臨時の非常災害対策本部を置くことになる。ここでいう非常災害とは「当該災害の規模その他の状況により当該災害に係る災害応急対策を推進するため特別の必要があると認めるとき」[11]であり、国務大臣（防災担当大臣）が本部長となる。

さらに、「著しく異常かつ激甚な非常災害が発生した場合において、当該災害に係る災害応急対策を推進するため特別の必要があると認めるときは、——（中略）——臨時に内閣府に緊急災害対策本部を設置することができる」[12]とあるように、激甚な非常災害の場合は緊急災害対策本部が設置され、本部長として内閣総理大臣がその任に就く。

（2）都道府県

都道府県において災害が発生あるいは発生するおそれがある場合、都道府県は都道府県災害対策本部を設置し、本部長として知事が充てられ、災害の応急対策を実施する。

（3）市町村

市町村において災害が発生あるいは発生するおそれがある場合、市町村は市町村長を対策本部長として市町村災害対策本部を設置し、災害の応急対策にあたる。

以上のように、国、都道府県、市町村それぞれが、災害時の対応を迅速に行わなければならないが、そのなかでも災害応急対策の主体は、市町村である。なぜならば、市町村が住民に最も近い公的行政機関であり、一次責任主体だからである。

2　災害時の救助支援活動

(1) 消　防

消防には、国の機関である消防庁と市町村に設置された常備消防機関としての消防本部および消防署と非常備消防としての消防団がある。消防庁は、直接の消防活動はせず、制度の企画・立案などを行う。実際の消防活動を行うのは、市町村に設置された消防である。

消防の任務は、警防、救急、救助、予防、防災がある。警防は、火災の防御や消火が中核をなし、通信指令などもその業務の一環である。救急は傷病者の搬送業務であるが、現在は搬送中の医療処置が一部認められるようになった。救助は、災害や事故の際に危険の差し迫った人を救出する業務である。また、予防は火災の原因調査や火災が発生しないように指導する業務である。さらに、地震や風水害などの自然災害や事故、テロ災害等の対応も行っており、近年では南海トラフ巨大地震や首都直下地震に向けての災害対策を強化している。

消防本部は、全国で七五〇、消防署は一七〇九が設置されており、消防職員は一六万二一二四人である（二〇一五年〔平成二七年〕四月一日現在）。消防職員は、専門的な知識と技能を有し、日々、国民の命を守るべく活動している。一方、消防団は、全国で二二〇八団、消防団員数は八五万九九九五人であり、すべての市町村に設置されている。消防団員は、ほかに本業を持ちながら、非常勤特別職の地方公務員として消防・防災活動を行っている。したがって、消防団は組織としては公助と位置づけられるが、その精神は「自らの地域は自らで守る」という郷土愛に基づいた社会貢献活動でもあり、共助の側面が強いといえる。なお、消防団員の数が減少するとともに、三〇歳代の団員の割合が六〇パーセントを切るなど高齢化が進んでおり、大規模災害に向けて地域防災力の中核を担う存在である消防団の強化が望まれる。その方策として、二〇一三年（平成二五年）に「消防団を中核とした地域防災力の充実強化に関する法律」が制定され、消防団を地域防災力強化の中核として位置づけ、消防団への加入の促進、公務員の消防団員との兼業に関する特例、事業者や大学への協力、消防団員の処遇の改善や装備の改善などによる消防団の強化および地域における防災体制の強化について謳っている[13]。

なお、東日本大震災発生時の消防団の活躍は目覚ましいものがあり、自らも被災者であったにもかかわらず、「郷土愛護の精神に基づき、水門等の閉鎖、住民等の避難誘導、救助、消火、避難所の運営支援、行方不明者の検索（捜索）、発見されたご遺体の搬送・安置、さらには、信号機が機能しない中での交通整理、がれき撤去、防犯・防災のための夜間の見回りまで、実に様々な活動に献身的に従事した[14]」のである。しかし、同時に、二五四名もの消防団員が犠牲になった。このようなことが二度と起こらないように、装備の強化、訓練の強化、退避ルールも含めた消防団のマニュアルの整備などを早急に行わなければならない。

(2) 警　察

警察は、国の機関である警察庁と都道府県警察がある。警察庁は、警察政策の企画立案などを行うのに対し、都道府県警察は、実際に捜査や取り締まりを行う（皇宮警察は国の管理下）。現在（平成二七年度）、四七都道府県に警察本部があり、一一六七ヶ所の警察署が設置されている。人員は、二九万四六六九人であり、そのうち七七四一人が警察庁、二八万六九二八人が都道府県警察である。日常、警察は犯罪の予防や治安の維持、捜査や逮捕、交通の取り締まりなどを行っているが、災害時には避難誘導や救出救助、さらには緊急交通路の確保や信号機の点滅対策などの交通対策、行方不明者の捜索、身元確認などに尽力している[15]。

（3）自衛隊

自衛隊は、国の機関であり、わが国の平和と独立を守り安全を保つために国民の生命・財産と領土・領海・領空を防衛する組織である。組織としては、陸上自衛隊、海上自衛隊、航空自衛隊の三つに分かれる。陸上自衛隊の駐屯地が一五九ヶ所、航空自衛隊の基地が七三ヶ所（分屯含む）、海上自衛隊の基地が一一ヶ所（地区単位）ある。その人員は、全体で二二万六七四二名である（二〇一五年三月三一日現在・自衛隊ＨＰより）。

任務は、防衛活動が主任務であるが、そのほか、緊急救助活動、国際平和協力活動がある。このなかで、災害に関するものは、緊急救助活動であり、その中核を成すのが自衛隊法に基づいて行われる「災害派遣」である。災害派遣は、大規模な自然災害や事故が発生した際に都道府県の知事の判断で派遣要請を受けて行われるが、緊急の場合は要請がなくても派遣することができる。災害派遣では、被災者の救助、行方不明者の捜索、傷病者の治療、水や食料などの提供、インフラの応急復旧、瓦礫処理などさまざまな支援活動を行う。自衛隊の特徴は、自己完結能力の高さである。つまり、他組織の支援を得ないで広範囲・多様な任務を遂行することができるのである[16]。

（4）海上保安庁

海上保安庁は、国の機関であり、海上の安全と治安の確保を図ることを目的としており、密漁や密輸、密入国などの犯罪の取り締まり、わが国の領海等における主権の確保や海洋権益の保全とともに海難事故などの際の救助活動などの活動をしている。さらに、船舶の火災・衝突、台風や地震などの自然災害への災害応急活動もおこなっている。定員は、一万三四二二人であり（二〇一六年三月三一日現在・海上保安庁ＨＰより）、全国を一一の海上保安管区にわけて、それぞれの管区に海上保安本部、その下に海上保安部、海上保安航空基地、海上保安署、海上交通センター、航空基地などを設置している。

海上保安庁は、自然災害の際の被災者の救出、人員や救援物資の緊急輸送、被害状況の調査など機動力の高さで、災害時においてもその機能を発揮している。[17]

◉文献

（１）矢部明宏「地方分権の指導理念としての『補完性の原理』」『レファレンス』二〇一二年九月号
（２）ハイデカー（桑木務訳）『存在と時間』（中）、岩波文庫、一九六一年
（３）村上陽一郎「死すべきものとしての人間」『生と死への眼差し』青土社、二〇〇〇年、二一五頁、参照
（４）平岩米吉『犬の行動と心理』築地書館、一九九一年
（５）同前、四三頁
（６）前掲書（3）、二一五頁
（７）消防庁「地方防災行政の現況」二〇一五年、一七頁
（８）内閣府「平成一四年　ソーシャル・キャピタル――豊かな人間関係と市民活動の好循環を求めて」二〇〇三年、参照
（９）佐伯啓思『「市民」とは誰か』ＰＨＰ研究所、一九九七年、参照
（10）日本経団連社会貢献推進委員会『ＣＳＲ時代の社会貢献活動――企業の現場から』日本経団連出版、二〇〇八年、一六頁
（11）災害対策基本法
（12）災害対策基本法
（13）総務省消防庁『平成二七年版　消防白書』参照
（14）総務省消防庁国民保護・防災部防災課「東日本大震災を踏まえた大規模災害時における消防団活動のあり方等に関する検討会報告書」二〇一二年、二頁

（15）警察庁『平成二七年　警察白書』
（16）防衛省・自衛隊ＨＰ（http://www.mod.go.jp/）参照
（17）海上保安庁『海上保安レポート　二〇一五』二〇一五年、参照

第４章

災害ボランティア

[1] ボランティアとは

1 ボランティアの語源

「ボランティア」という言葉の語源は、ラテン語のVoluntas（ウォランタス=自由意志）に始まるといわれている。このvoluntasから、喜びや精神、あるいは志願兵や義勇兵を意味するフランス語のvolonte（ボランテ）が生まれ、英語のvolunteer（ボランティア）となった。したがって、ボランティアの本質は、自由意志である。つまり、自分から自発的にやろうと思うことがボランティアなのである。自分の心の中から身体の中から湧き出てくる「これをしよう」、「これをしなければいけない」という気持ち、意志が原点である。

ところで、ボランティアという言葉が、現在のような社会活動を表す言葉として使われるようになったのは、一八九八年、アメリカ合衆国で社会福祉民間団体「Volunteer of America」が組織されてからである。

2 ボランティアとは

ボランティアは、一言でいえば、「自発性にもとづいた社会事業活動」あるいは、「自発性にもとづいて社会事業活動をする人」である。なぜ、ボランティアをしようという気持ちが起きるのか。その本質については第3章の「人間として」で述べたとおりであるが、ここでは一般的なボランティアの要件について少しふれておこう。

ボランティアのあり方はさまざまであり、「これがボランティアである」というように、ひとつに限定、あるいは確定されたものではないし、それを確定する必要もない。そのことを踏まえたうえで、主なものをあげておきたい。

ボランティア活動の要件はいろいろあるが、それらにほぼ共通する、あるいは上位原理としてあるのが自発性（主体性）、利他性、公共性である。一方、必ずしも当てはまらないが個々のボランティアの特徴としての要件、あるいは下位原理としてあるのが無償性、創造性（先駆性）、責任性、継続性などである。

（1）上位原理

①　自発性

ボランティアは強制されるものではない。自主的に参加することが大前提である。個人としての考え方に基づく行為であり、国家や行政に束縛されない自由意志によるものである。つまり、本質的に、国家や行政の枠や制度を超えた個として自立した自由な行為や立場である。

②　利他性

ボランティアは自分の利益のために行うのではない。利他的なものであり、相手のためになることが前提である。ボランティア活動の対象となることの多くは、なんらかの切迫した状況に追い込まれている。したがって、よかれと思っておこなった行為が、相手に対して迷惑やマイナスになれば、その行為は普通以上に大きな罪と成り得る。つまり、ボランティア活動は相手の利益に通じるようなことでなければならない。

③　公共性

私の近しい人、たとえば子どもや親、親友に対して行う行為はボランティアとはいわない。自分と人間関係が直接ない人たちに対してするのがボランティアである。他人のため、公共の福祉のために行うことをボランティアという。これは、市民としての義務と表裏一体である。

（2）下位原理

①　無償性

ボランティアは報酬をもらうために行うことではない。ボランティアを行うこと自体に意義があるのである。

②　創造性・先駆性

ボランティアとは社会の欠陥を補うだけではなく、時代を先取りしてよりよい社会のために社会を変えたり、新しいことを創りだしたりしていくことも必要だといわれている。

③　継続性

ボランティア活動は、その必要性が終わるまで続ける必要がある。もちろん、一回限りの活動ではいけない、というわけではない。一回でも人を救えることはいくらでもあるが、ある程度本格的な活動や組織としての活動を前提とした場合には継続性が必要となる。

④　責任性

ボランティアは、自分の意志で行うものであるが、同時に、活動を開始した以上、相手に対して責任が生じる。よって、無責任な行為は許されない。

以上、ボランティアについて考えてきたが、もうひとつ、「ボランティア活動は人のために行う」というが、そのような一方的なことではないということについて考えてみたい。

確かにボランティアは利他的な行為が前提であるが、それは同時に自分のためでもある。これは、「自分の成長のためとか」、「情けは人の為ならず」という次元の問題ではない。もっと、原理的なことである。たとえば小さな子どもが目の前で転んだとする。その時、私が「起こしてあげたい」と思って、その子どもを抱きかかえて起こしたとする。見てみると怪我もしていない。「よかった」と思った。このことと、「お腹がへった」「ご飯を食べたい」と思い「美味しい物が食べられた」ので「よかった」と思ったという場合を比較してみると、私の心の一連の動きとして捉えれば、「自分が～したい↓～ができた↓よかった」ということで、同じ構造なのだ。その違いを考えてみると、「ご飯が食べたいな↓食べられた↓よかった」の場合、「自分の利益のために自分がやろうと思った」ということでありボランティアには成り得ない。ボランティアの場合は、相手の利益のために自分がやろうと思った」行為でなければならず、しかもボランティアをした方もしてもらった方もお互いが「よかった」と思うウィン・ウィンの関係が成り立つことである。ここで、大切なことは、まさに何かを自分が「したい」と思った時点で自分のためだということだ。そのように考えたら、人のためにやろうと思ってそれができた時点で、自分のためにもなっているので一連の行為は、完了しているのである。したがって、たとえば相手がお礼を言わなかったから腹が立つということはおかしな話なのである。もちろん、お礼を言われればうれしいが、それはあくまでプラスアルファと捉えるべきことである。むしろ、自分がやりたいことをやらせてもらったということで、感謝の気持ちをもつのは私の方なのだ(1)。

［2］災害ボランティアの心得

阪神・淡路大震災や東日本大震災をはじめ、大規模災害の発生と同時に、全国から多くのボランティアが駆けつけ、支援活動を展開している。

災害時のボランティア活動そのものは、素晴らしい行為であるが、実際に活動するための心得や被災者や支援者の心のケアを十分考慮した活動でなければ、多くの弊害もでてきてしまう。

ここでは、災害時におけるボランティア活動が、被災者のために少しでも役に立つように、また支援者が心身ともに安全で効果的な活動が行えるよう、さらに活動に関わるすべての人々の心が少しでもつながり癒されるように、そのポイントについて述べていこう。

被災地でのボランティアは、一般のボランティアとは違い、次のような特殊性がある。(2)

1　変化即応性

災害ボランティアは、災害発生とともにニーズが生じ、その局面ごとにニーズが変化していく。したがって、被災地のニーズの把握とそれに即応する態度と体制が必要である。被災現場、避難所、仮設住宅など活動現場も刻々と変わっていくのである。このような変化に即応していくためには、現地にスタッフを派遣し、常時、情報を入手しながら現地のニーズに則した活動計画を立て、実施していくことが肝要である。たとえば、筆者が所属

写真 4-1　東日本大震災の際の泥だしのボランティア
（筆者撮影）

する神戸学院大学では、東日本大震災の直後から、仙台にスタッフを二年間常駐させ、被災地のニーズの把握と信頼関係の構築を図り、神戸からのボランティアがニーズに沿った活動になるように徹底的にコーディネートした経験がある。現地にスタッフを常駐させることが困難な場合でも、被災地の情報やニーズをできる限り把握して、活動することが望まれる。

2　安全確保

災害ボランティアは、まずボランティア自身の安全を確保しなければならない。とくに地震の場合は、いつ余震が起きるかわからず、それに伴う津波の可能性もある。さらに、壊れた建物の倒壊やがけ崩れなども起こりかねないし、瓦礫などの撤去の際にケガをするかもしれない。しかも、現地の病院などが被災している場合、緊急に治療することが難しい場所もある。これらのことを考慮して、安全の確保を徹底しなければならない。また、一人での活動は禁物であり、グループ、あるいは複数で活動することが不可欠である。

被災地での活動では、常に情報を得て、的確な指示を全員に伝えられるかが大きなポイントである。そのためには、複数の情報収集手段をもっておくことと、その情報や指示をボランティア全員へ即座に周知徹底するシステムを構築しておくことが望まれる。

たとえば東日本大震災でも、ボランティア活動中に津波警報が出たことがあり、全員ただちに活動を中止し山側へ避難した。また、被災地では泥やがれき撤去作業による破傷風の可能性もあり、学生が活動中に少しでもケガをした場合、すぐに病院に行けるシステムを構築して対応した。

3　自己完結

被災地ボランティアの基本は、自己完結型ボランティアである。すべてのものは、支援するボランティア側で用意し、各人、自分のことは自分ですることが大前提である。被災地では、物や人手が足りない状況にある。そこへボランティアに行ったとしても、現地で食料を調達するなど、かえって被災者の手を煩わすようなことがあれば、ボランティアに行く意味がない。したがって、災害ボランティアを実施する場合は、自己完結を前提に計画を練り、十分準備したうえで、組織として活動することが望まれる。

筆者らも、東日本大震災から半年の間は、学生とともに被災地に向かう際、すべての装備、食糧は学生および大学が準備して活動を行ってきた。もちろん、移動中や被災地でのボランティア活動中に出したゴミはすべて持ち帰ることが前提だ。

ただ、復旧期・復興期に入ると今度は現地調達に意味が出てくる。つまり、現地の経済復興の一環として被災地で容易に手に入るものは、現地調達したほうがよい場合があるので、臨機応変に対応していくことが求められる。

４　緊迫性

被災地に赴くと、非日常の世界が広がっている。避難所には、九死に一生を得た人たちであふれている。町は崩壊し、ある地域ではがけ崩れ、ある地域では津波に家もろとも流されてしまっている。このような状況において、外から来た人間はどのように振る舞えばよいのであろうか。もちろん、一般のボランティア活動のように楽しく活動して時には皆でワイワイとはしゃぐというようなことはしない。活動中にボランティア同士ではしゃぐとか、盛り上がるとか、注目されたがっているようなボランティアは被災者にとってむしろ迷惑となり、被災者の人々の心を傷つけることにもなる。さらに、自由時間や宿泊所においても、何をしてもよいと思わないことが大切である。現地の状況や被災者の気持ちを考え、自分が何をしに来たのかをよく考えて行動することが求められる。このことは、当たり前といえば当たり前である。しかし、被災地で時々、ふざけたりはしゃいだりするボランティアがいる。この場合、多くはその本人自身が周りの悲惨な状況が受け入れられず、自分をごまかすためにはしゃいでいるのである。しかし、それだからといって被災地でこのような態度が許されるわけではない。リーダーなり周りの仲間が、本人の心を理解しながら、しっかりと指導しなければならない。

[3] 被災者への対応

今述べてきたような、被災地の状況のなかへボランティアに出かけて、被災者にどのように対応したらよいのであろうか。

被害を受けた人は、心に傷を負っている場合がほとんどであり、また避難所などの生活に疲れてもいる。そのような気持ちを尊重して活動に臨むことが求められる。さらに、常識ある行動と言葉づかいを心がける必要がある。

1　場面ごとの活動

(1) 避難所での活動

被災地のボランティアは、学校や地域センターが避難所として使われていることが多い。このような場所では、被災者のプライバシーが守られておらず、配慮も十分ではない場合が多く、被災した人たちの心理的な負担が大きいことを忘れてはいけない。

たとえば、避難場所として使われている学校の体育館で活動する場合、体育館に入ること自体に配慮がいる。なぜならば、入った瞬間に何百人という被災者とその生活を見ることになるからである。まずは管理者などの許可を得ること、生活空間を直視しないこと等、相手の立場にたった行動が必要である。

(2) 個人宅での活動

個人宅での「泥だし」や壊れた家財道具や生活用品の片づけのボランティアに行く場合は、たとえ家が住めないような状態であっても、その家の持ち主や家族の指示に従うか、了解を得てから活動を行わなければならない。被災者にとっては、たとえ瓦礫となっていても想い出の品であり、勝手な解釈で処理や処分をしてはいけない。また、マナーを重んじた態度や言葉づかいが望まれる。

写真 4-2　能登半島地震の際の仮設住宅でのボランティア
（筆者撮影）

（3）仮設住宅での活動

仮設住宅への訪問は、町内会が組織されている場合、会長などの責任者に了解を得てから実施すべきである。

町内会が組織されていない場合でも、住民の了解を事前にとり、信頼関係を築きながらボランティア活動を実施していくことが肝要である。その際、マナーを重んじ、相手のプライバシーを十分に守りながら、実施しなければならない。とくに、仮設住宅での生活は長期間になるため、継続的に支援活動を実施していくことが望ましいので、焦らずに住民との交流を通じて関係性を深めていくことが重要となる。

（4）子どもへの対応

被災地では、ボランティアに対し、子どもが暴力を振るってくる場合がよくある。これは、震災の際の恐怖体験や喪失体験、さらには避難所などの不自由な生活からもたらされるストレスなどを言葉にできない分、暴力という手段で発散し、解消していると考えられる。したがって、こちらがむきになって怒ったり、「しつけなければ将来大変な大人になる」と思いしつけようとしたりし

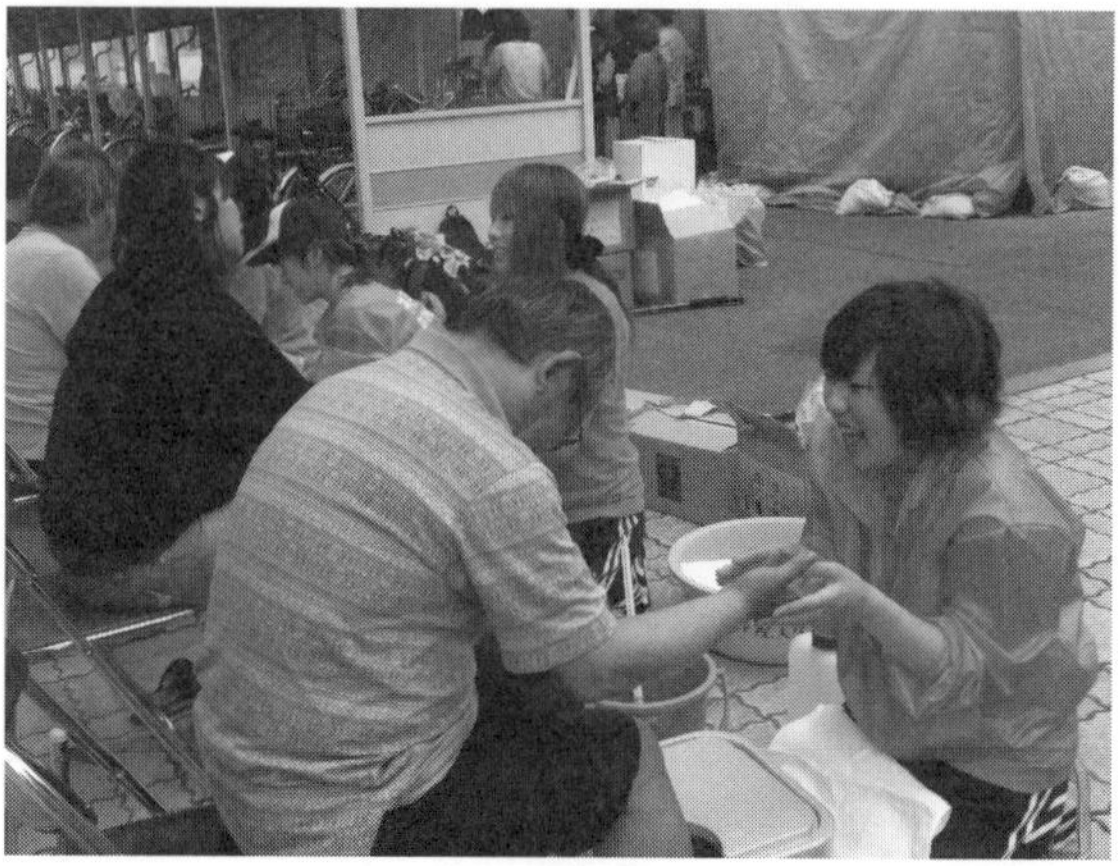

写真 4-3　東日本大震災の際の足湯をしながらの傾聴
（神戸学院大学防災・社会貢献ユニット提供）

てはいけない。

怒らないで、大人として許容することで、信頼関係が構築されると次第に暴力を振るわなくなる。ただ、あまり暴力がエスカレートしないようにルールのある活動、たとえば鬼ごっこや駆けっこなどに導いていくことが望ましい。

2　話のしかた、聴きかた

被災者の人たちと話をする場合、少し気をつけなければならないポイントがある。なぜならば、いつものような日常会話をしているつもりでも、知らず知らずのうちに被災者の心を傷つけてしまう場合がよくあるからである。

また、話を聴く場合もお互いが辛くならない聴きかたをすることが、お互いの心を守ることになる。

（1）被災者に何かを求めるような発言をしないこと

たとえば「頑張ってください」という言葉は、日常よく使う言葉であるが、被災者はすでに十分頑張っているのであり、それに追い打ちをかけるように「頑張ってください」という言葉をかけると大きなプレッシャーあるいはストレスとなる。頑張るのはボランティアに来た私たちであることを忘れてはいけない。また、「気分をかえて」なども、落ち込んでいる人にさらなる負担をかけることになる。

（2）被災者に安易な慰めの言葉をかけないようにすること

たとえば、「生きていてよかったですね」などは、家族や身近な人を失った人にとっては「どうしてそんなことが簡単に言えるのか」あるいは「自分だけが生き残ってしまったのに」というように、さらなる苦悩を与えてしまうことになる。また、「明日がありますよ」なども、すべてを失ってしまった人に対して、具体的な明日をもっているボランティアがいうべき言葉ではない。

（3）被災時の話や家族の話をこちらから聴くことは控えること

家族や家を一瞬にしてなくした喪失体験による悲嘆は、人に話を聴いてもらうことで和らぐ場合があるが、それは本人が話そうと思った時のことである。こちらから聴くことで、「話したくないのに話してしまった」という場合は、かえって被災者にさらなる悲嘆を呼び起こすことになりかねない。したがって、こちらから聴くことは避け、相手が話してきた場合は聴くのが賢明である。

（4）相手が被災した時の話や家族の話をしてきた時の対応

まず、話を聴きたくない時は、違う話題に変えるか、用事などを使ってその場を離れること。話を聴こうと思った時は、親身になって聴くが、こちらからは相打ちを打つ程度で、根掘り葉掘り聴くことは避ける。また、長時間にわたって聴くと、話す方も聴く方もあとで精神的にダメージを受けたり、辛くなったりする。したがって、話を聴く時間は、一〇分から一五分程度にすることが大切である。なお、一人ではなく複数で聴くことが望ましい。

(5) 被災者と話をするなかで、安易に約束をしないこと

たとえば、次回来る予定もないのに、「来週も来てください」と言われて、「必ず来ます」と約束してしまうと、相手に期待を抱かせ、その期待を裏切ることになる。それでなくとも、被災者は喪失感に打ちのめされているのに、さらに喪失体験をさせてしまうことになる。

[4] 支援者の心身のケア

1 精神的なダメージ(3)

被災地に早く駆けつければ駆けつけるほど、支援者は被災地の悲惨な現場に直面する。とくに多くの遺体やその収容など過酷な状況におかれる可能性が高い。初動時期なので多くの場合、このような体験をするのは消防署員やレスキュー隊員、警察、DMATなどのプロフェッショナルといわれる人たちであるが、災害ボランティアもそのような状況を目の当たりにする場合がある。とくに、阪神・淡路大震災や東日本大震災では被災規模が大きいため、しばらくしてから被災地に入っても、地震で壊滅した街並や津波ですべて流されて瓦礫の山が点々とある沿岸部の町、茫然と立ちすくむ被災者の姿や悲しみの言葉、至る所に落ちているアルバムやランドセル、町全体に漂う鼻を突く悪臭、被災地での宿泊や食事、トイレ、すべてが一般人にとってショッキングなことばかり

である。このような状況での活動においては誰もが惨事ストレスを受けることになる。惨事ストレスの典型的な反応としては、次のようなものである。

① 興奮状態が続き、眠れなかったり、イライラしたり、ちょっとしたことに過敏に反応する（過覚醒）
② 被災地のことが現実とは思えない
③ 被災地で見たショッキングな場面が突然、脳裏によみがえる。悪夢を見る（フラッシュバック）
④ 体調を崩してしまう
⑤ 被災地やそれを思い出す場所に行けない。活動について話せない（回避）
⑥ 活動が十分にできなかったことや自分の無力さに対し罪悪感を持ったり、腹立たしく思ったり、無力感に陥ったりする

実際に、筆者の大学の学生たちも、東日本大震災において二〇一一年三月から七月くらいまでに被災地に入った多くの学生は支援活動のなかで、すべてが失われた名取市の閖上《ゆりあげ》地区や石巻市の港湾部に入ると心も身体も魂も何もかもが凍りつき現実感を失った。また、ある学生はあまりに冷静に被災地を受け止める自分に戸惑っていた。一方、住宅の側溝の「泥かき」に奮い立ったものの、活動を続けるうちに泥の詰まった側溝が見渡す限り続いているのをみて無力感に苛まれた。あるいは、名取市の避難所で淡々とした口調で家の高さを超える津波に襲われた体験、家族が流されていった光景を話される女性の前で、学生はあまりに重い現実に耐えきれずに涙を浮かべていた。活動二日目から体調を崩しつつ、絶対に活動するといって周りに迷惑をかけた学生もいた。

このようなストレス反応は誰もがなる可能性があり、「異常な状態での正常な反応」である。しかし、このよ

うな惨事ストレスを軽減するためには、早めに対策を講じなければならない[3]。

2　惨事ストレスへの対処法

(1) 休息をとる

被災地での活動は、無理をしがちである。被災現場を見ると「できるだけのことはしよう」と多くの支援者は決意を固める。「休むのは帰ってからでいい」、「今は倒れるまで活動しよう」などと思うことでオーバーワークになってしまうのだ。したがって、被災地に入ったら、まずはリーダーや指導者を中心に活動ローテーションを決め、規則的に休息を入れていくようにしなければならない。季節などによっても違うが、真夏の屋外での活動なら三〇分活動したら日陰で一〇分休むというように、休息をとることで心身共にリフレッシュし、ストレス軽減となり、結果として作業効率の向上にもつながる。また、その日の活動を終えたら、十分に休息時間を確保することが大切である。それに、ボランティア終了後も、帰宅したらすぐに仕事や学業に復帰するのではなく十分に休養をとることが望ましい。なお、長期の支援活動の場合は、少なくとも二週間に一度は、自宅に帰りゆっくりとした時間を過ごすことが必要である。

(2) グループ、ペアで行動する

被災地での活動は、一人でおこなってはいけない。怪我や余震等による二次災害から自分の身を守るためという意味も含まれているが、心理的にも一人で活動してはいけない。人間は、安全・安心が確保できないと、不安になりストレスが相乗的に増大するからだ。グループあるいは二人でペアになって、お互いが相手の心をサポー

トすることで、安全・安心に活動が遂行できるのだ。また、心身の変調をお互いがマネジメントでき、早期対応も可能となる。

（３）一緒に活動した仲間で話をしてお互い支え合う

支援活動の一日の終わりには、参加者全員が集まって、今日一日の振り返りをすることが大切である。先にも述べたが、被災地では支援者自身が自分で気づいていなくても惨事ストレスを受けている。被災地での体験は、一人で抱えようとしたり、心のなかにしまい込もうとしたりすると心身に変調をきたしてしまう。ピアサポート、つまり同じような課題や問題に直面する者同士が互いに支えあうことで緊張がほぐれ、楽になれる。その方法は、次のとおりである。

① 参加者全員でできるだけリラックスした状態で車座になる
② 誰かがファシリテーターとして、司会、進行役を務める。ただ、指導的な役割はせず、本人も他のメンバーと同じように体験談などを語る
③ 一人ずつ順番に、話をしたければ今日の活動での自分の経験や現在の心身の状況、思いなどを話す。他のメンバーは、その話に傾聴する。何を話してもよい。ただし、話したくない場合は無理に話さなくてよい
④ 原則として、「言いっぱなし」「聴きっぱなし」であり、お互いが感想を述べたり、助言をしたりすることはしない

(4) 親しい人と一緒に過ごす

被災地から帰宅後は、家族や友人、恋人など親しい人とゆっくり時間を過ごすことで、心が日常に戻っていく。また、お互いがお互いを心配しているという状況を解消し、安心するという意味でも一緒に過ごすことが必要である。はじめのうちは、被災地とのギャップで戸惑ったり、イライラしたりすることがあるが、次第に安らいでくる。

なお、惨事ストレスは、多くの場合、日常にもどり生活するうちに時間とともに少しずつ消えていくが、長く続き日常生活に支障をきたすようであれば、心理的ショックからトラウマを負っている可能性があるため、早期に心理カウンセリングを受けるか、心療内科などを受診することが大切である。

3 事前研修・事後研修

災害ボランティアの場合、それを主催する組織や団体が、事前研修や事後研修を開催することが必要である。

(1) 事前研修

事前研修では、活動の内容、ボランティアの心得、活動の際の留意点、準備物の説明、現地の被害状況の説明、被災者の状況（とくに子どもの心理状態や行動）、惨事ストレスの説明などを行う。また、参加者の意識を高め、団結心や一体感をもたせることが求められる。そのためには、前回のボランティアとの引きつぎ、グループ分け、リーダーの決定とグループ内での意思疎通を行うことが求められる。

（2）事後研修

事後研修は、帰着直後に行うことが望まれる。なぜならば、支援者の迅速な心身のケアが重要課題だからである。たとえば、東日本大震災の支援の場合、関西から現地にバスで移動すると片道一五時間前後かかる。二日間、活動をしてそのままバスで一五時間ゆられて帰ってきた学生にはじめにさせることは、ストレッチである。まず、体をほぐすのである。次に自律訓練法を実施し、心身をリラックスさせる。そのうえで、現地での体験や感想などを一人ずつ話していく、という流れで行っている。最後に、心理状態や身体の調子に関する項目を含んだ活動に対するアンケートを実施し、帰宅後の心身の変調への対応を記したパンフレットを渡したうえで、帰宅させている。

被災地でのボランティア活動のなかで、ボランティアたちは被災者と自然と交流をもち、つながっていく。結果として多くのボランティアが災害当時の追体験をすることになる。したがって、彼らは凝縮された場で、無自覚的ではあろうが、たましいの次元の体験をしているのである。このたましいの体験は、被災者あるいは被災地のたましいを鎮め、揺さぶることになるとともに、彼らの人生観に影響を与える。

若い力が、人を愛しみ、自然への畏敬の念を抱き、死者への弔いを行い、そして奮い立つたましいで日本の復興を成し遂げていってくれるのである。そのためにも、大学や高等学校などの教育機関をはじめ政府や都道府県、市町村、企業もふくめて、若者がボランティア活動を実施していく環境整備に尽力することが望まれる。

[5] たましいの次元からみた被災地にボランティアに行く意義――

1 「荒ぶる神」を鎮める

東日本大震災以降、筆者は被災地に支援に行くとともに被害状況の調査もおこなってきたが、以前から三陸地域は津波を想定した対策がとられており、決して無防備ではなった。それにもかかわらず、ほとんどの防波堤、防潮堤は壊滅した。たとえば、釜石市の湾口防波堤は、世界一であるとしてギネスにも登録されていたが、津波によってほとんどが壊され、釜石市を襲った。また、宮古市の田老《たろう》にある「万里の長城」といわれた防潮堤も、津波によって見るも無残に破壊され多くの犠牲者が出た。いくら科学技術が発展しても、人間は自然の圧倒的な力にはかなわないのである。第1章でもみたように、とくにヨーロッパとは違い、日本の自然は四季があり実り豊かな国であると同時に、地震、津波、台風、洪水など自然が猛威をふるう地域でもある。冷静に考えてみると自然に比べれば、私たち人間は小さな存在であり、非力の極みなのである。日本の八百万の神は、自然そのものであり、地域社会を守り、人間たちに恩恵を与える「守護神」であるが、同時に天変地異を引き起こし、病を流行させるなどの災いを起こす「祟り神」であり「荒ぶる神」である。ひとたび神が荒ぶれば、人間にはどうしようもない絶大な力であり、人々はそれに逆らうようなことはしてこなかった。したがって、古来、「荒ぶる神」を鎮めることを行ってきた。日本各地で荒神信仰がみられ、「山の神」「海の神」「火の神」「氏神」などの「荒ぶる神」が多くの神社で祭られている。また、今も各地で、地鎮祭や風鎮祭などが行われており、荒ぶる神の魂を鎮めてきたのである。

しかし、近代以降、自然を克服し、人間が人工的に思い描く社会を作りあげてきた。そして、いつの間にか自然への畏敬の念を忘れていたのである。だからこそ、自然の脅威に直面した時の、恐怖は大きく、たましいの揺れは大きい。

私たちが、これからやるべきことは、明治以降、自然を克服しようとしてきた西洋的な自然観を改め、本来の自然と調和しようとする日本的な自然観を見直すことである。

2　鎮魂ということ

一般的に鎮魂というと「亡くなった人の魂を鎮めること」「霊を弔う」という意味でつかわれる場合が多く、各地でそういう意味での鎮魂祭や慰霊祭が行われている。しかし、本来、鎮魂祭は、古代の日本の宮廷儀礼として行われた儀式であり、現在も宮中で新嘗祭の前日の夕刻から天皇の鎮魂のため行われている。諏訪春雄によると、鎮魂の読み方は、「平安時代から『たましずめ』と『たまふり』の二とおりがおこなわれていた」[4]という。二とおりの読み方があるのは、この儀式に二つの意味があるからである。「たましずめ」とは、「遊離した、また遊離しようとする魂を鎮め、肉体につなぎ止める祭儀」であり、「たまふり」は、「魂に活力を与え再生させる呪術。またその呪術を行うこと」である。

つまり、日本では、この世界に存在するもの総てにたましいが宿っていると考えられてきた。そのものが存在し続ける上で最も必要なものがたましいである。このたましいを振り動かし、結びつけ、鎮め置く、そのものの存在を本来の姿に立ち戻らせる祈祷法が、「鎮魂」本来のあり方である。その狭義の一部として「霊を弔う」ことも含まれているのである。

したがって、鎮魂とは、たましいを体内につなぎ止め、生命に活力を与え、復活を促し、甦らせる儀式である。

3　亡くなった人の魂を鎮める

被災地では、亡くなった多くの人々のたましいを鎮めることが何より優先されるべきである。昔から、「成仏する」という言葉があるが、事故による死、犯罪に巻き込まれての死、災害による死などの不慮の死を遂げた人のたましいは、成仏することなくこの世で揺れ動き、浮遊していると言われる。このようなたましいの状態は生き残った者たちのたましいを惑わし、不安や恐怖を与えたりするとされる。

つまり、亡くなった人を弔うことで、被災地が鎮まり、被災者のたましいも鎮まるのである。したがって、亡くなった人のたましいを鎮めることなしには、被災者の心のケアはあり得ない。

親や子ども、あるいは親友や恋人が地震や津波で突然亡くなったとしても、残された者にとっては、その関係が消滅したわけではない。今までの思い出、自分の人生のなかでの亡くなった人の位置づけなどは、そう簡単にはなくならない。大切な人が亡くなったという事実に向き合い、それを受け入れ、自分の心や人生のなかにそれを組み込み、再統合するためには、長い時間が必要なのである。亡くなったという事実に真正面から向き合うことは非常に辛いことであるが、少なくとも喪に服し、死者を弔うなかで、十分に悲しむことが必要である。

被災した人の悲嘆を癒すのは、亡くなった人々の鎮魂なくしては実現できない。そのためには、まず支援者である私たちが亡くなった人を鎮魂することから始まる。亡くなった方の魂を鎮めることで被災者の心が癒えていくのである。

４　被災者のたましいを鎮め、奮い立たせる

先にみたように、鎮魂とは亡くなった人のたましいを弔う、というだけではなく、むしろ本質的には、離れるたましいを引き留め心に定着させる、という意味とたましいを活性化させるという意味があると述べたが、まさに、被災者の鎮魂が求められる。

被災者のたましいは、先にも述べたように恐怖によるトラウマと喪失体験による悲嘆により、大きく揺れている。恐怖と不安、悲嘆などによりたましいは虚ろになり、浮遊し、エネルギーが低下していく。まず、これを引きとどめ、鎮めることが重要である。

そのためには、亡くなった人を弔うことが、被災者のたましいを鎮めることでもあるのだが、それは長い道のりであり、到底一人では成し得ないほどの困難な過程である。人間は一人では生きていけないのである。とくに、他者から、社会から見放されたという状況は避けなければならない。私たち人間は、孤独は受け入れられるし、時として自分から求めることもあるが、孤立は耐えがたいのである。したがって、被災者がたましいを鎮めるためには、誰かのサポートが必要なのだ。その基本は、何かをするということではない。もちろん、生活支援や教育支援、文化支援など、それぞれの地域や局面におけるニーズに沿った支援があるが、それよりもなにより も、誰かが寄り添うことが求められるのである。さらにいえば、支援者が存在することそのものに意味があるのだ。被災者とともに、じっくりと時間をかけてたましいの揺れを共有し感じながら、自然とたましいが鎮まるのを待つという態度が必要なのだ。焦ってはいけない。私たち日本人は、明治以降、競争社会のなかで常に社会に煽られてきた。急ぐように、休まないように、頑張るようにと鼓舞されてきた。しかし、本来、たましいとは、

私たちのなかで鎮まり定着することが前提であり、そのうえで活性化し、エネルギーを増していくものなのである。圧倒的な自然の力で、力なく揺れるたましいを無理やり止めたり、揺すろうとしたりすると無理がある。自然に委ねるしかないのだ。魂は自然に揺れるうちに個人のなかに定着していくのであり、その過程を終えたなら、自然にエネルギーが増していき、活性化していくのである。鎮めることが活性化につながるのである。頑張ることではないのだ。

ただ、支援者のたましいも被災者とともに揺れることになる。これは、危険なことでもある。いわゆる二次的外傷ストレスとか代理トラウマとなる可能性がある。このことも自覚し、支援者は自分を守ることも大切である。

5　被災地のたましいを奮い立たせる

被災地の復興には、被災地のたましいが活性化される必要がある。その地域のたましいが活性化するためには鎮魂が必要であり、そのためには、その地域の祭が必要となってくるのである。祭により、地域が活性化するのだ。祭の際、神輿が神幸する時に、途中で神輿を上下左右に荒々しく揺さぶることを「霊振《たまふ》り」という。つまり、これを行うことで、神輿に乗っている御神体の霊威を高めて、豊作や豊漁、疫病の流行を防ぐように祈願するのだ。また、元気のない霊魂を揺さぶり、たましいの活力を取り戻すための儀式でもあるのだ。

このように地域の神様が元気づくことで、地域の人々、地域そのものが活性化していくのである。

近代以降、私たちは自然を克服することで災害を防ごうとしてきたが、そのことがじつはたましいの揺れを止めることになっていたのかもしれない。その地域のたましいが揺れながらエネルギーを増し再生していく。それこそ、自然との交わりのなかでのこととして「その再生は」あるのだ。

つまり、鎮魂とは、亡くなった方の魂を鎮め、被災者の魂を鎮めて身体内に定着させ、さらに被災者や被災地を奮い立たせるために行うことなのである。

そのサポートのためにこそ、ボランティアは、被災地に馳せ参じるのである。鎮魂なくしては、被災地、被災者の復旧や復興はあり得ないといえよう[5]。

［6］災害ボランティアにおけるリーダーシップ

ここでは、災害ボランティアを組織で行う際に、リーダーが持つべきリーダーシップについて、考えてみよう。

１　リーダーシップとは

リーダーシップとは、特別な才能やカリスマ性をもった人間だけが発揮できる能力ではない。すべての人間が、使命感をもって努力すれば身に付く能力である。

P・F・ドラッガーは、次のように述べている。

リーダーシップとは、組織の使命を考え抜き、それを目に見える形で明確に確立することである。リーダーとは目標を定め、優先順位を決め、基準を定め、それを維持する者である。

そして、「第二の要件は、リーダーシップを、地位や特権ではなく責任とみることである」と述べ、さらに「リーダーたる第三の要件は、信頼が得られることである」としている。(6)

つまり、リーダーシップとは、明確な目標や夢をもち、それを実現させるための具体的なプランを立て、一貫性、責任をもって信頼関係にあるメンバー全員でそれを実行していく力である。

ところで、組織としてリーダーシップを考えた場合、一人の人間だけがリーダーシップをもっているような組織ではなく、すべてのメンバーがリーダーシップを発揮できるような組織こそが大きな事を成すことができる組織である。なぜならば、単に従順なフォロワーは時に組織の重荷となり、大きな仕事ができないのである。組織の成員が誰でもリーダーになれ、またフォロワーになれる組織が最強の組織といえる。

2 リーダーシップの要件

それでは、リーダーシップの要件をもう少し詳しくみていこう。

(1) ビジョンを持つこと

組織として、何を目指すか、という明確なビジョンを持っていることが重要である。そして、どのようにすればその目標が達成されるかという方法を明確に見極めプランニングすることが求められる。

(2) 使命感を持つこと

リーダーは、使命感を持たなければならない。自分のためではなく、社会のため、人のために行うのであり、自分自身の損得勘定ではなく、ボランタリーな精神が必要である。

（3）責任感を持つこと

自分の指示したことはもちろん、部下が勝手にやったことも含めすべて自分の責任である。組織のことはすべて自分が責任を持つという覚悟があれば、部下は安心してリーダーを信頼し、ついてくる。

（4）知識と経験を豊かにすること

人間が、何かを行おうとする時には、知識、意識、行動の三つが揃うことが重要である。豊富で正しい知識に基づいて、意識を高め思考して正しい判断を行い、プランを立て、それに基づいて実行することが、成功への道である。また、そのことがメンバーの信頼を得ることにもなる。また、学んだ知識から自分なりの哲学をもち、具体的な方策を考え実行することを日頃から行うことが大切である。そのような経験によって信頼してくれるメンバーの期待に応えることができるのである。

（5）常に自問自答すること

これでよいという安易な信念は、過信となり、間違いを犯すことになる。「これで本当によいのだろうか？」と常に自問自答すること、悩むことが大切である。リーダーは決断力が求められる一方で、それと一見矛盾するようであるが、正しい決断を生むためには、常に悩み、反省することが求められる。

（6）自分のことを知り、相手のことを知る

人の上に立つ者は自分のことを知る必要がある。なぜならば、メンバーとの関係を良好にし、公平に扱うためである。臨床心理学的に言えば、人間は心のなかにシャドーがあるが、自分のシャドーを表に出して生きている人間をみると腹が立ち、それが部下ならば激しく怒るのである。たとえば、非常に真面目な人は、心のなかに押し込めた自分自身として認めることができない不真面目な性格のシャドーがある。その人の目の前に不真面目な人がいると、激しく怒ってしまうのは、相手に自分のシャドーを見るからである。自分が否定している不真面目な自分の鏡として相手の不真面目さが映るのである。したがって、このときに怒っているのは、相手のことではなく、自分自身に怒っていることと同じなのだ。このような怒りは、相手のための怒りではなく、自分への怒りであり、相手の心には響かない。

3　『甲陽軍鑑』にみるリーダーシップ

『甲陽軍鑑』は、武田信玄、勝頼二代にわたる事跡、合戦、軍法、刑法などを記した甲州流軍学書であり、戦国武士の道を説いている。[7]

そのなかで、大将、つまりリーダーのあり方について論じている。

まず、「よき大将」の条件として、文武両道で慈悲深く、礼節をわきまえ、威厳があることをあげ、さらに、部下をそれぞれの性格を尊重して使うから、主君を恨むものは誰もいない。さらに、自分の采配で勝利しても手柄を自分のものとせず、部下のおかげとしてほめることで、多くの優秀な部下が生まれるとしている。まさに、

自己中心的な考えを否定し、人の上に立つ者としての度量を求めている。

それに対して、「わが国をほろぼし、我が家をやぶる大将」を四つに分類している。

一つ目は、「馬鹿な大将」である。馬鹿な大将は、愚鈍でわがままなので、遊びに溺れ、武芸もしないで芸者のように振る舞うにもかかわらず、大将としての自意識ばかり強く、自分のことはすべてよいと思っているから、部下たちも何でもかんでもほめて調子を合わせる。そして、馬鹿な大将は、このような部下の言葉を無条件で受け入れてしまい、部下が自分を正しく評価しているかどうかもわからないのである。つまり、馬鹿な大将とは、わがままで、武士としての道をわきまえず、しかも人を見る目がない者をいうのである。

二つ目は、「利口すぎる大将」である。利口すぎる大将は、うわべばかり利口で人に非難されないようにばかり考えている。さらに、口ではよいようにいうが、深意は無慈悲であり、自分のことばかり自慢して自分のすることに対して非難は許さないのである。このように利口すぎる大将は、気持ちの変化が大きく邪心があり、無慈悲で我を反省しない。

三つ目は、「臆病な大将」である。臆病な大将は、愚痴っぽく、女に似ているから人を嫉み、権勢におもねて、意地が不甲斐なく、無穿鑿《せんさく》で分別が無く、無慈悲でがさつであるから、人を見る目がなく、気が利かず融通がきかず妙である。つまり、義理がなく外聞を気にして、権力にこびへつらい、忠と不忠も考慮に入れず、将来構想もなく、勇ましいか臆病かも問題にせず、ただ大勢にとりつき、慈悲も利生もなく、勇気もない者を臆病な大将というのである。

四つ目は、「強すぎる大将」である。強すぎる大将は、心は猛々しくて、機敏であり話し方もうまく、智恵もあり、何事にも弱気になることを嫌う。しかも常日頃は短気でもなく、少しも騒がしくなく静かで、奥深く見える大将を「強すぎる大将」という。このような人物は、私たちからすれば、完璧な人間像に思える。しかし、このような大将は、家来がかえって気をつかったり、（大将が賢いので）思ったことを気軽には言えなかったりし、大将に媚びへつらおうとする者がのさばったりするため、うまくいかないというのである。また、先代の大将よりさらに強くなければ人は評価しない。同じ程度なら後代の大将の方が弱いということになり、侍ばかりか、地下人・町人までが馬鹿にして命令をきかなくなる。そうなると、いよいよ大将は強みを出そうとし、不幸になっていくのである。強すぎる大将とは、能力があり、一見完璧な人物ではあるが、かえってそのことが、人々を寄せつけず、また際限なくその強みを増していかなければならないのであり、最終的には、人材を失い失敗するのである。

4　災害ボランティアのリーダーとして

もうひとつ大切なこととして、災害ボランティアのリーダーにおけるリーダーシップ能力で必要なことは、日常と非日常を明確にわけることである。具体的には、日頃はできるだけみんなの意見を反映させるために話し合いを行い、民主主義的な人間関係、組織運営を行うように心がけることが大切であるが、災害時には、「非常事態宣言を自分の心に出す」ことが求められる。災害時で重要なリーダーシップとは、刻々と変化する状況を的確に把握し、想像力を発揮して、安全を確保してやるべきことを見極め、決断を下し、実行に移さなければならないということである。優柔不断な態度や皆の意見を聞いて考えようとしていたのでは、間に合わないのである。逆説的ではあるが、そのためには平常時に民主的な組織運営が必要となる。なぜならば、日頃の民主的な人間関係によって培われた信頼関係があるから、リーダーの即断に皆が従うのである。さらに、災害ボランティアのリーダーとして、平常時に防災の研修や訓練を受けたり、自分が企画・運営を行ったりすることが望まれる。そのことが、災害時の正しい対応につながるのである。

◉——文献

（1）前林清和『Win-Winの社会をめざして——社会貢献の多面的考察』晃洋書房、二〇〇九年、参照
（2）神戸学院大学学際教育機構防災・社会貢献ユニット編『東日本大震災ノート　災害ボランティアを考える』晃洋書房、二〇一二年、参照
（3）金吉晴編『心的トラウマの理解とケア　第二版』じほう、二〇一三年、参照
（4）諏訪春雄『折口信夫を読み直す』講談社、一九九四年、一二一頁
（5）山中康裕監修、前林清和ほか著『揺れるたましいの深層——こころとからだの臨床学』創元社、二〇一二年、参照
（6）P・F・ドラッガー（上田惇生訳）『プロフェッショナルの条件——いかに成果をあげ、成長するか』ダイヤモンド社、二〇〇〇年、一八五〜一八七頁
（7）酒井憲二編『甲陽軍鑑大成』（第一巻　本文篇　上）汲古書院、一九九四年、参照

第５章

日本の災害対策と支援活動

［1］災害時の日本の弱点

第1章でみたように、日本列島は、地理学的、気象学的、そして地質学的に見ても自然そのものが天変地異の頻繁におこりやすい、しかもそれが激しい場所である。そのなかにあって、私たち日本人は古代から災害と付き合いながら生きてきた。しかし、近代以降は災害の被害を何とか減少させようとハード面での整備、たとえば大規模な堤防やダム、耐震構造の建造物など世界トップクラスのレベルで整備してきた。その一方、先進国ならではの弱点も露呈している。そのあたりのことをみていこう。

1　都市化

災害時の被害の規模を左右する大きな要因は人口である。いくら大きな地震が起きようと、いくらスーパー台風が吹き荒れようと、そこに人が住んでいなければ被害はないし、人口が少なければ被害は小さく、人口が多ければそれだけ被害が拡大する可能性が高いのである。したがって、都市化が進めば進むほど大規模災害時の被害が拡大する。その代表的なのがわが国である。

日本の人口は、約一億二七〇〇万人であり（平成二八年現在）、世界の人口の約一・七パーセントにあたる。それに対して、国土の面積は三七万七九〇〇平方キロメートルで全世界の〇・三パーセントにすぎない。つまり、相当人口密度が高いことになる。ちなみに日本の人口密度は、一平方キロメートル当たり三四九・二人であり、

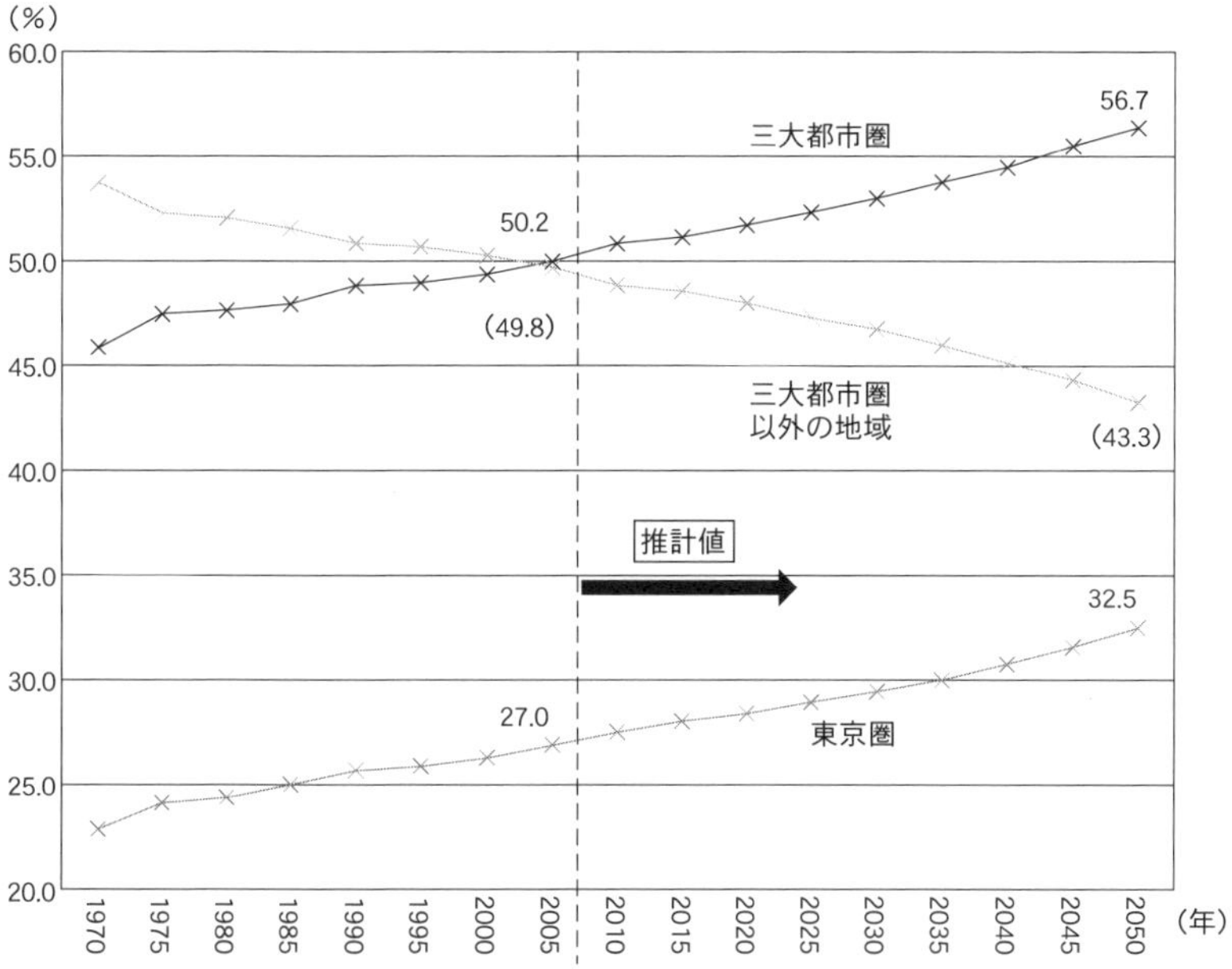

図 5-1　三大都市圏及び東京圏の人口が総人口に占める割合
（出典：国土交通省国土審議会政策部会長期展望委員会「国土の長期展望」中間とりまとめ）
（総務省 HP より）

ＯＥＣＤ加盟国のなかで、韓国、オランダ、ベルギーについで四番目に高い。しかも、日本の国土は山が多く山地が約七五パーセントを占めているため、平地での人口密度はさらに高い。

また、都市人口率は、ＯＥＣＤ加盟国のなかでは、ベルギー、アイスランドにつづいて三番目に高く、九三パーセントである。つまり、日本人は九割以上の国民が都市に住んでいるのである。[1]

このように、わが国は都市に人口が集中しているのである。しかも、その傾向は、三大都市圏、とくに東京圏に顕著であり、わが国の人口の五〇パーセント以上が三大都市圏に集中し、その率は上がり続けているのだ（図５-１）。

このような状況下、都市で大規模災害が起これば、大きな被害がでる可能性は非常に高いのである。

表5-1　全5危険*すべてに影響を受ける可能性のある人々が最も多い都市

順位	都市	全5危険の延べ人数
1	東京・横浜（日本）	5,710万
2	マニラ（フィリピン）	3,460万
3	珠江デルタ（中国）	3,450万
4	大阪・神戸（日本）	3,210万
5	ジャカルタ（インドネシア）	2,770万
6	名古屋（日本）	2,770万
7	コルカタ（インド）	1,790万
8	上海（中国）	1,670万
9	ロサンゼルス（米国）	1,640万
10	テヘラン（イラン）	1,560万

(swiss re, *Mind the risk: cities under threat from natural disasters,* 2013)
（*…洪水、嵐、高潮、地震、津波）

しかも、わが国の場合、都市に人口が密集しているから被害が大きくなるということだけではない。日本の都市は、世界の都市に比べても自然災害の観点から最も危険な都市なのである。スイスの再保険会社スイス・リーが二〇一三年に発表した『リスクの心得——自然災害の脅威にさらされる都市のグローバルランキング[2]』をみてみよう（表5-1）。この調査は、世界六一六都市を対象に、「洪水」「地震」「嵐」「高潮」「津波」で被災する人数を推計し、ランキングを出している。それによると、わが国の主要都市は東京・横浜が一位、大阪・神戸が四位、名古屋が六位と軒並み上位にランクされており、とくに東京・横浜は世界で人的被害について最も危険な都市だということがわかる。

それでは、なぜ東京・横浜が危険なのかというと、報告書では、大地震の影響を一番にあげている。また、大阪・神戸は激しい暴風雨や河川の氾濫、津波のリスクの高さ、名古屋は活断層の近くにあることや津波、暴風雨のリスクがあげられている。

このように、日本の都市は、人口集中という都市化そのものによる災害のリスクに加え、第1章でもみたようにさまざまな災害が起こる可能性が高いということも相まって、世界有数の災害リスクの高い都市となっているのである。

２　快適さ

先進国である日本の災害に対する弱点の二つ目は、その快適さにある。私たちは、文明社会のなかで、自然を克服し、自然と人間を隔離した状態で快適に生きていると思っている。具体的にいえば、鉄筋コンクリートのマンションや鉄骨の一戸建住宅に住み、高層ビルのオフィスで仕事をしている。外がいくら暑くても、寒くてもエアコンが快適な気温を保ってくれる。外で暴風雨が吹き荒れようと、風の影響もなく音も聞こえない。そして、コンクリートや断熱材によって密閉された空間を人工的に快適にするために、莫大なエネルギーが消費される。具体的には電気やガス、石油が使われている。そして、電気を作るための火力発電所や原子力発電所が各地にある。また、天然ガスはガスタンクに、石油は石油タンクに貯蔵され、適時必要に応じて使われている。つまり、見方を変えれば莫大なエネルギーが私たちの身のまわりに満ちているのである。

このように私たちは、みずからを自然から隔離して人工的な快適さを作り上げるために、大規模な施設とエネルギーを作ってきた。もちろん、これらは、多くの資金を使い頑丈に作られている。少々のことでは壊れることはない。しかし、この世に絶対ということはなく、これらのハードを破壊するほどの大規模災害が来る可能性は十分にある。大規模に作られた頑丈な建物ほど壊れた時には人間にとって凶器となり、大きなエネルギーほどその制御がきかなくなった時には人間を凌駕し襲いかかるのである。

実際、阪神・淡路大震災の時には大きなビルが倒れ、市街地は火の海と化した。東日本大震災の時には、津波でビルが倒れ、天然ガスのタンクや石油タンクが流されて燃え上がり、福島第一原発がメルトダウンと水素爆発を起こし、大量の放射能が放出されてしまったのだ。

表 5-2　阪神・淡路大震災におけるライフラインの被害状況

区分	主な被害	復旧年月日
電気	約 260 万戸停電 (うち兵庫県は約 100 万戸)	H7. 1. 23　倒壊家屋等を除き復旧
ガス	約 84 万 5 千戸が供給停止	H7. 4. 11　倒壊家屋等を除き復旧
水道	約 127 万戸が断水	H7. 2. 28　仮復旧完了 H7. 4. 17　全戸通水完了
下水道	被災施設：22 処理場、50 ポンプ場 管渠延長約 164km	H7. 4. 20　仮復旧完了
電話	交換機系：約 28 万 5 千回線が不通 加入者系：約 19 万 3 千回線が不通	H7. 1. 18　交換設備復旧完了 H7. 1. 31　倒壊家屋等除き復旧

(兵庫県「阪神・淡路大震災の復旧・復興状況について」2016 年)

快適さを追求してきた代償として、私たちは大きなリスクを背負っているのである。

3　便利さ

私たちは、日頃、便利な生活を送っている。たとえば、スイッチを入れれば蛍光灯がつき、蛇口をひねればおいしい水が出る。トイレもレバーを引くだけできれいになる。スマートフォンで世界中の人と話ができる。インターネットで瞬時に多くの情報を得ることもできる。現金がなくてもカードで買い物ができる。仕事や旅行に行くのにも高速道路を使ってすぐに目的地に着くことができるのである。昔とは比べものにならないほど便利な社会である（もちろん、これは日本などの先進国での話で、今でも開発途上国では電気すらなく、水も何時間もかけて水汲み場に行かなければならない国も多いのも事実である）。

私たちが日ごろから享受しているこのような便利さは、じつは非常にもろいものなのだ。なぜならば、これらは、高度な情報技術（IT）によって集中管理システムでコントロールされ、あるいは複雑なネットワークでつながって機能している。いわゆるソフトである。

表 5-3　近所づきあいの程度について

	2015年（平成27）	1994年（平成6）	1975年（昭和50）
①親しく付き合っている	17.9%	45.9%	52.8%
②ある程度付き合っている	50.3%	33.4%	32.8%
③わからない	0.1%	0.3%	0.8%
④あまり付き合っていない	25.6%	15.1%	11.8%
⑤全く付き合っていない	6.1%	5.3%	1.8%

（内閣府「社会意識に関する世論調査」http://survey.gov-online.go.jp/〔平成27年、平成6年、昭和50年〕から筆者が加工して作成）

また、変電所、浄水場などの建物と電線や通信ケーブル、水道管、ガス管などの設備、いわゆるハードがある。このハードとソフトのどちらかがダウンしたり破壊されたりするとすべてが止まってしまうのだ。そして、これらの高度なライフラインのシステムは町全体、あるいは全国に広がっているとともに、生活、経済活動、資産、社会などさまざまな活動の動脈として機能しているため、その機能が停止することは被災者にとって致命的である。

たとえば、阪神・淡路大震災では、約二六〇万戸が停電し、約八四万五千戸のガス供給が停止し、約一二七万戸が断水した[3]（表５‐２）。

４　気楽さ

昔は、地域コミュニティの結びつきが強く、親しく近所づきあいをしていたので、誰がどこに住んでいて、何をしているかなどお互いが知っているのが当たり前であった。そして、町内会、婦人会、子供会、老人会などが組織されていて、常日頃から地域として活動をしていた。しかし、近年、そのような地域コミュニティでの人間関係は薄れ、それと同時に近所づきあいも浅くなってきている。

表５‐３をみると一九七五年の調査では、近所づきあいをしている人（①と②）は九割弱いたのに対し、一九九四年では八割弱、二〇一五年では七割弱と

表 5-4　今後の近所づきあいの程度の意向

とても親しく付き合いたい	7.1%
わりと親しく付き合いたい	39.8%
付き合いはするがそれほど親しくなくてもよい	48.6%
ほとんどもしくは全く付き合いたくない	4.0%
無回答	0.3%

（内閣府『平成 15 年度　国民生活選好度調査』より）

表 5-5　生活面で協力しあう人の人数の割合

0 人	65.7%
1 ～ 4 人	28.0%
5 ～ 9 人	4.8%
10 人以上	1.4%

（内閣府『平成 19 年版　国民生活白書』より）

順次減ってきている。そのなかで「親しく付き合っている」という人のみを見れば一九七五年では五割強いたが、一九九四年では五割弱に減り、二〇一五年にはなんと二割に満たないまでに減少している。また、付き合っていない人（④と⑤）は、一九七五年一割強、一九九五年二割強、二〇一五年三割強と一割ずつ増えていっている。このように四〇年の間に急速に、近所づきあいそのものをしなくなってきており、近所づきあいをしていても親しい関係ではなくなっていることがわかる。そして、「親しくない程度の近所づきあい」が多いのは「付き合いはするがそれほど親しくなくてもよい」（表5・4）という意見が五割弱もあることから考えると「仕方ない現実」ではなく、むしろそれを望んでいる人が多いからなのだ。つまり、「浅い近所づきあい」はよいが、あまり親しい関係は必要ないというのが最近の地域コミュニティでの意識なのである。したがって、表5・5のように、「生活面で協力しあう人が近所にまったくいない」人が七割弱もいる。さらに、図5・2を見ると、町内会や自治会の参加状況も一九六八年では、「だいたい参加する」が

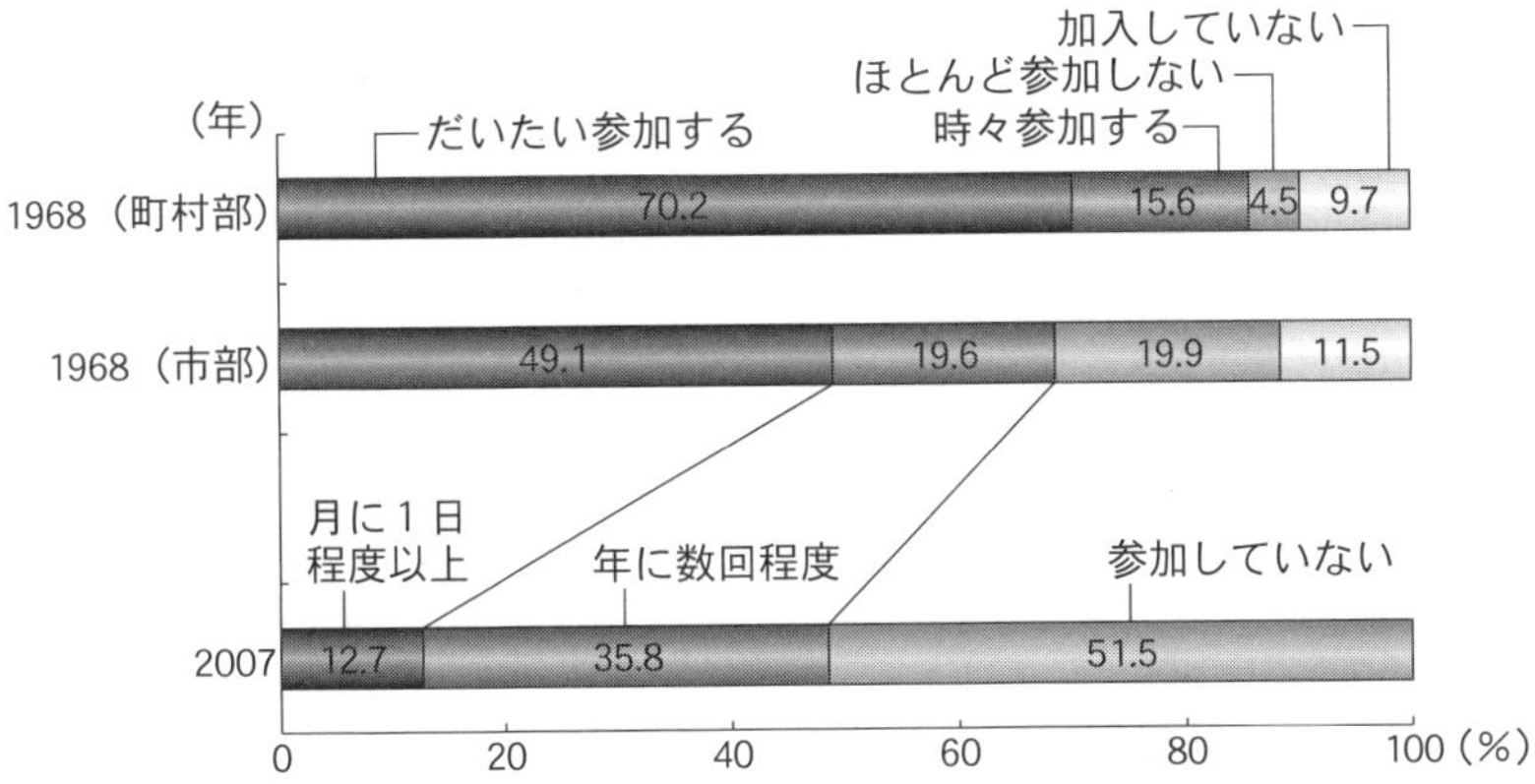

（備考）１．内閣府「住民自治組織に関する世論調査」（1968年）、「国民生活選好度調査」（2007年）により作成。

２．1968年は、「お宅は町内会・部落会等に入っていますか。」という問に対して回答した人数を母体として、「入っている」以外の回答をした人を「加入していない」とした。また、同質問に対し、「入っている」と回答した人のうちの「お宅では、町内会・部落会等のしていることに、だいたい参加していますか、それとも時々参加する程度ですか。」という問に対し、「だいたい参加する」、「時々参加する」、「ほとんど参加しない」と回答した人の人数を先の問の回答者数を母体として、それぞれの割合を算出した。

３．2007年は、「あなたは現在、「町内会・自治会」のような活動に参加されていますか。参加の頻度についてお答え下さい。」という問に対し、回答した人の割合。ただし、「ほぼ毎日」「週に２～３日程度」、「週に１日程度」、「月に１日程度」を「月に１日程度以上」と合算して表示している。

４．回答者は、1968年は全国の都市のうち昭和40年国勢調査時の人口集中地区人口が３万人以上の都市でその人口集中地区に居住する世帯主500人と主婦500人および全国の町村部に居住する世帯主500人と主婦500人（わからないを除く）。2007年は全国の15歳以上80歳未満の男女3,345人（無回答を除く）。

図5-2　町内会・自治会の参加頻度

（内閣府『平成19年版　国民生活白書』より）

町村部で約七割、市部で約五割だったのが、二〇〇七年では、「月に一日程度以上」と答えた人が一割強というように激減している。一方、二〇〇七年では参加していない人が五割を超えており、半分以上の人が地域コミュニティへ実質的に参加していないということになる。

　このように、最近は深い人間関係や地域での役割を好まない人が多くなっているのである。そのこと自体は、一概に悪いことではなく、日常生活が気楽に送れるということもいえる。一人で、あるいは家族で日常を過ごすほうが、周りに気をつかわなくて済むので楽だという考えに基づいたライフスタイルである。

しかし、このような自分や家族だけの気楽なライフスタイルは、少なくとも大規模災害が発生した時には、命にかかわる問題となる。たとえば、家屋が倒壊して生き埋めになった時、そこに誰が埋まっているか、埋まっていないか、そのことを近所の人が知っているか知らないか、これが命の分かれ目になるのだ。たとえば、阪神・淡路大震災の際、震源直近の兵庫県北淡町では、生き埋めになった人を近所の人が救助にあたり、瓦礫の下から約三〇〇名を救出したのである。このすばらしい救出劇は、日頃の近所付き合いがあったからなのだ。どういうことかといえば、この地域では、「地域社会の住人が日常の暮らしを通じてお互いのことを熟知しており、近隣住民で組織された消防団は、瓦礫の下で埋もれている人の位置を正確に推定して速やかな救助を行うことができた[4]」ということなのである。日常の気楽さと災害時の助け合いをどのように考えるか、私たちに突き付けられた課題である。

以上、現代の日本は、さまざまな面で大規模災害に対して弱点がある。これらの難問に対して国民一人ひとりが知恵を出し合い解決策を見出し、災害に強い国にならなければならない。

[2] わが国の災害対策

ここでは、災害が多発するわが国において、どのような災害対策が行われているか、みていきたい。

わが国の災害対策は、第3章で述べたように「災害対策基本法」に基づいて行われている。災害対策基本法は、災害対策全体を体系化し、総合的で計画的な防災行政の整備及び推進を図ることを目的としている。わが国の災害対策の骨子は、「災害予防」と「災害応急対策」および「災害復旧・復興」の三つの柱からなり、国土、国民の生命、身体、財産を災害から保護し、社会の秩序を維持し公共の福祉を確保するために、さまざまな施策を講じている。

１　災害予防

まず、災害予防であるが、防災施設等の整備、国土保全、防災意識の高揚と防災知識の普及、防災教育、防災訓練などがある。なお、防災教育と防災訓練については、次項で述べる。

⑴　防災施設などの整備

気象衛星、気象レーダー、地震計等の観測機器、消防機材、貯水槽、応急対策用の資機材、緊急用の通信・放送施設、ヘリコプター、船舶、車両などの輸送機材、避難施設、災害対策本部施設、建築物の不燃化、学校などやライフライン施設の耐震化、指定緊急避難場所や指定避難所の指定と整備、防災拠点施設の整備などの事業が進められている。

⑵　国土保全

国土保全事業は、国土を守り国民を守る事業である。膨大で長期間にわたる投資を必要とするため、防災上緊急を要する地域に重点をおき、国土基盤河川事業、地域河川事業、砂防事業、急傾斜地崩壊対策事業、治山事業、地すべり対策事業、海岸事業、総合流域防災事業、農地防災事業、災害関連事業、地盤沈下対策事業、下水道事業等が実施されている。

（3）防災意識の高揚と防災知識の普及

すべての国民が、各種災害についての知識を深め、意識を高め、備えを充実して災害時の被害を軽減するために、「防災の日」（九月一日）及び「防災週間」（八月三〇日～九月五日）、「防災とボランティアの日」（一月一七日）及び「防災とボランティア週間」（一月一五日～二一日）、「津波防災の日」（一一月五日）が、政府によって定められている。これらの記念日や週間において、さまざまな防災や災害ボランティアに関するフェアや講演会、訓練などが開催されている。

2　災害応急対策

災害が発生した場合には、国や地方公共団体は一刻も早い適切な対応が求められる。被害状況や規模などの情報を迅速に収集・分析し、関係機関との間で情報の伝達・交換、報告を行い、災害応急対策を実施する体制を整えることである。状況に応じて、住民に対して避難の勧告または指示、消防・水防・被災者救助、避難所の提供や広域一時滞在の受け入れ、緊急輸送の確保、公共施設の応急復旧などを行う。

災害の現場となる市町村や都道府県では、災害対策本部を設置するなど、組織をあげて災害応急対策を実施する。さらに大規模な災害の場合には、国は災害の態様に応じて非常災害対策本部（本部長は防災担当大臣）や緊急災害対策本部（本部長は内閣総理大臣）を設置して対策を推進する。

国は、関係機関からの情報から被害情報を把握・分析し、速やかに内閣総理大臣に報告して基本的な対処の方針を決定する。さらに、地方公共団体の対応能力を超えるような大規模災害の場合は、警察庁、消防庁、海上保安庁、自衛隊が災害応急対策活動に従事する。

3　災害復旧・復興

被災地の復旧・復興にあたっては、地域の復旧・復興の基本方向を決定することが重要である。まず、支援金の支給など被災者の生活再建の支援を行うことが求められる。たとえば、仮設住宅の建設、提供や就職や就学の支援、心のケアなどである。また、災害により地域の社会活動が低下する状況を考慮し、できるだけ被災者との調整をしつつも迅速かつ円滑な復旧・復興を図らなければならない。また、災害で破壊された山や河川、ダム、防波堤、港湾施設などの復旧も急を要する。さらに、街の再建や産業の再建、地域コミュニティの再建などは長期的視野にたち、防災対策の整ったものでなければならない。なお、近年に発生し、被害の大きかった主な災害のうち、一九九五年（平成七年）一月の阪神・淡路大震災については、内閣総理大臣を本部長とする「阪神・淡路復興対策本部」を設置し、政府一体となった総合的な復興対策を推進した。また、二〇一一年（平成二三年）三月の東日本大震災については、「復興庁」が翌年に新設された。東日本大震災の甚大な被害を復旧・復興していくための国の施策の企画、調整、実施を行うとともに、地方公共団体への一元的な窓口と支援を行うことを業務とし行政事務の円滑かつ迅速な遂行をはかることを目的としている。

［3］防災教育と地域での備え

ここでは、災害予防、とくに防災教育と地域コミュニティでの備えについて取り上げる。

1　防災教育

東日本大震災の際、日頃から防災教育、避難訓練を実践していた岩手県釜石市の釜石東中学校と鵜住居《うのすまい》小学校の児童生徒全員が地震発生と同時に高台に避難し、襲いかかる津波から逃れることができたのである。いわゆる釜石の奇跡であるが、これは奇跡ではなく教育の賜物なのだ。

私たち人間は、教育によって本来持っている潜在的な能力を開発し、さまざまな知識や思考力、創造力、技術力を身に付け、実際に行動する力をもつようになる。私たちは、生まれた時から教育を受けながら育ってきた。小さな頃には、食べること、トイレに行くこと、手を洗うこと、「ハイ」と返事することなど、いわゆる基本的生活習慣から、学校に入れば算数や国語、あるいは体育などのさまざまな教育を受けてきたのであり、そのことによってそれぞれ現在の自分があるといえる。哲学者カントが「人間は教育によって初めて人間となることができる。人間とは教育によって作りだされるところのものに他ならない」と述べたように、人間は教育を必要とするのであり、教育なしでは人間としての営みが全うできないのである。

そのように考えると防災力もまさに教育によって身につけていかなければならないのだ。防災教育こそが、災害から自分や家族の命を守り他者や地域を守るための、知識や技術、態度を育成することができる防災の基礎ともいうべきものなのである。

ところで、自分や家族の命を守り他者や地域を守るための能力を身につけるためには、人間のポテンシャルを前提とした「人間力」、自分で創造的に生きていく力としての「生活力」、市民の一員として連帯し活動しようとする「市民力」を育てるという視点が重要なのである。なぜならば、命を守るためには知識や技術だけではなく、人間力、生活力、市民力を含めた全人教育としての防災教育でなければならないからである。[5]

ここでは、学校における防災教育についてみていこう。

（1）文部科学省における防災教育

わが国は、阪神・淡路大震災を経験し防災教育の重要性を痛感したが、具体的な施策はほとんど行われないまま東日本大震災が起きてしまった。二〇一二年（平成二四年）に、津波対策も含め改めて防災教育や防災管理を見直すために「東日本大震災を受けて防災教育・防災管理等に関する有識者会議」を設置し、国も「学校安全の推進に関する計画」を閣議決定した。この計画において「国は、学校における安全に関する指導が系統的・体系的になされるよう、学校現場で実際に行われている安全教育の効果を検証するとともに、各教科等における安全に関する指導内容を整理し、学校現場に対してわかりやすく示す[6]」ことや「安全教育のための指導時間を確保するための方策について、国は、その必要性や内容の検討を行う」ことが示され、ようやく防災教育の体系や教科内での実施、指導時間の確保など、ある程度踏み込んだ内容になっている。[7]

ところで以前から、文部科学省は教育のあり方の方向として「生きる力」をあげているが、防災教育はまさに災害時、およびその復旧・復興における具体的な「生きる力」を身につけ、「生きる力」を発揮し、お互いが助け合っ

写真 5-1　大学生による防災教育の出前授業
（神戸学院大学防災社会貢献ユニット提供）

て生きるための教育といえる。

文部科学省は、防災教育のねらいとして、次の三つをあげている[8]。

①　自然災害等の現状、原因及び減災等について理解を深め、現在及び将来に直面する災害に対して、的確な思考・判断に基づく適切な意志決定や行動選択ができるようにする。

②　地震、台風の発生等に伴う危険を理解・予測し、自らの安全を確保するための行動ができるようにするとともに、日常的な備えができるようにする。

③　自他の生命を尊重し、安全で安心な社会づくりの重要性を認識して、学校、家庭及び地域社会の安全活動に進んで参加・協力し、貢献できるようにする。

つまり、災害に関する知識・思考・判断を身につけ（①）、危険予測の力と命を守るための主体的な行動をとる能力をもち（②）、他者を助け地域と協力する社会貢献の基盤を形成すること（③）を目指そうというのである。

そのためには、発達段階に応じた教育が必要であるとし、高校では、「安全で安心な社会づくりへの参画を意識し、地域の防災活動や災害時の支援活動において、適切な役割を自ら判断し行動できる生徒」、中学校では「日常の備えや的確な判断のもと主体的に行動するとともに、地域の防災活動や災害時の助け合いの大切さを理解し、すすんで活動できる生徒」、小学校では「日常生活のさまざまな場面で発生する災害の危険を理解し、安全な行動ができるようにするとともに、他の人々の安全にも気配りできる児童」、幼稚園では「安全に生活し、緊急時に教職員や保護者の指示に従い、落ち着いて素早く行動できる幼児」という目標を掲げている。

また、具体的な教育の機会の場として、文部科学省は「体育」や「総合的な学習の時間」「特別活動」などにおいて行うように示しているが、[9]「学習指導要領」に、災害や防災について直接記述がある科目は、小学校では「社会」「理科」、中学校では「社会」「理科」「保健体育」、高校では「地理歴史」「理科」「保健体育」である。

(2) 防災教育の実践

防災教育は、各地域でその地域の特色やニーズに合わせて実施されているが、ここでは兵庫県と静岡県、宮城県の防災教育について、その概要をみておこう。

①　兵庫県

兵庫県では、阪神・淡路大震災以降、学校教育において防災教育を精力的に行っている。兵庫県の防災教育は、児童生徒の発達の段階、学校の実態や地域の特性に応じて指導内容を検討し、防災訓練をはじめ、各教科、道徳、特別活動、総合的な学習の時間など教育活動全体を通じて計画的に進めている。そのため、各学校において、防災教育推進全体計画を立案し指導の充実を図り、それをもとに防災教育を体系的・計画的に推進するために指導計画を作成し、すべての学校で実践している。また、その成果を点検・評価し指導計画にフィードバックすることを定めている。さらに、独自に防災教育副読本「明日に生きる」を製作し、活用している。このテキストには、災害訓練や理科や社会等の教科、道徳、ボランティア活動やマップづくりなどの総合的な学習の時間等の課題として活用できる各種資料が掲載されている。

② 静岡県

以前から東海地震が予想されるとともに、南海トラフ巨大地震の被害想定も踏まえて、静岡県では「静岡県防災教育基本方針」を掲げ、生涯学習の一環としての防災教育と学校教育における防災教育を推進している。学習指導要領に基づきながら、発達段階別の防災教育の体系を構築し、家庭、学校、職場、地域社会とシームレスの防災教育の体系を構築し、実施している。

③ 宮城県

東日本大震災の甚大な被害を受けた宮城県では、防災教育だけではなく交通安全、生活安全（防犯含む）を含めた学校安全に関する独自の「みやぎ学校安全基本指針」を策定した。この指針では、安全教育で身に付けさせたい力と心を「自らの身をまもり乗り切る力（自助）」「知識を備え行動する力（自助）」「地域の安全に貢献する心（共助・公助）」「安全な社会に立て直す力（共助・公助）」「安全安心な社会づくりに貢献する心（公助）」とし、発達段階ごとに安全教育の内容を定めている。[10]そのなかで「災害安全」としていわゆる防災教育の内容を決めている。具体的には、「火災時の安全」「地震災害時の安全」「津波災害時の安全」「風水害による被害」「火山災害時の安全」「原子力災害時の安全」「災害に備える」となっており、それぞれ詳細な内容があげられている。また、副読本として「未来へのきずな」が作られている。

（3）アクティブラーニングとしての防災教育

防災教育のあり方で重要な点は、単に知識や技術を学ぶというだけではなく、いかに災害時に知識や技術を駆使して臨機応変に対応し、命を守り、命を救うかということである。つまり、先に述べたように人間力や生活力、市民力を身につけていくためには、アクティブラーニングという手法が有効である。アクティブラーニングとは、「能動的学習」であり、学習者が主体的、積極的に学ぶことを目指した学びの方法である。このアクティブラーニングの中核をなすのは「体験」である。私たちが物事を習得していくためには知識と体験が必要であるが、アクティブラーニングでは、体験のほうに注目するのである。その学習効果の向上は、次の五つに集約される[11]。

① 主体性の育成

一般的には教える方が主で、学ぶ方が従である。それに比してアクティブラーニングは、学ぶ方が主となる、つまり主体的に学習していくという方式なのである。

そのことで、学習者は教師から学んだ知識を記憶するという記憶主体の学びから、知識をそのまま記憶するということではなく自分の知の体系の中に位置づけられることになる。そして、その本質を理解したうえで記憶される。さらに、他の知識と有機的に繋がることによって強く記憶されるとともに、その知識の応用活用の可能性も含めて個人的知として学習者一人ひとりの精神に位置づけられるのである。知識が自分の一部になったという実感や喜び、感動が主体的に知識を得ようという能動的学習につながり、その連続により知識をより主体的に得ようとする態度や能力が育成されることになるのだ。

② 暗黙知の育成

マイケル・ポランニーは、著書『暗黙知の次元』で、人間の知について「われわれは語ることができるより多くのことを知ることができる[12]」と述べ、この人間がもっている潜在的な能力を「暗黙知」と規定している。私たちが物事の本質を知るためには、言葉だけではなく、言葉を超えた個人的な知である暗黙知を働かせているのであり、それは体験を通じて得られるものなのである。たとえば、いくらイチロー選手のバッティングの特徴を言

葉で説明してもわからないが、実際に見ると一目瞭然にわかるのである。この意味において、体験学習を中核に

おくアクティブラーニングは、人間の暗黙知を育成する有効な手段なのである。そして、暗黙知を前提とした学

習こそが、生きている私にとって有意義な知をもたらすのである。

③　創造性の育成

アクティブラーニングは、学生が主体的に学習するプロセスを重視する。結果はあくまでプロセスの結果であり、あらかじめ前提された答えや成果があるということではない。

とくに、演習や実習における体験学習は、知識を学ぶだけでなく、その知識に基づく創造的なイメージや理解、理論を創発するのである。マイケル・ポランニーは、新たな発見を生み出すのは創発という下位の次元から上位の次元に飛躍する知的作用が働くからだという。どういうことかといえば、私たちが物事を発見するのははじめから予定されていた何か新しい物を発見するのではなく、その方法の中から生まれてくるものなのである。たとえば物を作るという技能から生まれるのである。さらに言えば、物を作る方法、つまりプロセスの知が新たな知、つまり新たな発見を創発するのである。

したがって、実際に身体を使って物事を実践していく方法の行使から新たな発見が生まれるのであり、まさにアクティブラーニングの意義はそこにある。新たな発見、発想の源泉は実践しているなかから生まれてくるのだ。

④　問題解決の能力の育成

問題を解決していくためには、まず問題の所在を明らかにしなければならず、明らかになった問題の箇所をどのように解決するかという創意工夫、さらには決断し実行する能力が求められる。

ポランニーの暗黙知の立場からいえば、どれだけ多くの知識だけを有していても、その知識を問題解決の道具として使わなければ意味がない。言葉を変えれば、事実的知識、すなわちどのような問題があるかということだ

け知っていても解決できないのである。解決の糸口は、手法的知識、すなわちどのようにしてその問題が起きたのかということを明らかにしなければならないのである。

解決策が明らかになったら、次はそれを実現させる決断力と実行力が求められる。これらの能力や態度は、体験を通じて養われるのだ。

⑤　社会性の育成

アクティブラーニング、とくにグループ学習やプロジェクト学習では、社会性が育成される。つまり、チームワークをいかに実現し、活用するかが重要なポイントとなる。自分の意見や考えを持たないとグループのなかで自分の存在意義を持つことはできない。しかし、自分の意見だけを押し通そうとするとグループのなかで軋轢や対立を生み、グループが目指すミッションを遂行することが困難になる。

これは言葉を心理学的にいえば、アイデンティティの確立の場でもある。自分というものを持ちつつ、組織のなかで役割や居場所があり、そのなかで自分の独自性を発揮していくことができる人間になることが求められる。そのトレーニングの場が、アクティブラーニングである。

（４）学校における防災教育の課題

①　地域の温度差

今みてきたように、防災教育に力を入れている都道府県もあるが、全国的にみて日本の防災教育への取り組みは高いとはいえない。兵庫県や宮城県などのように激甚災害に見舞われた地域や、静岡県などの将来の大規模災害が予想される地域では防災教育の重要性が認知され力を入れているが、そうでない地域では防災教育への関心が低いと言わざるを得ない。また、同じ地域内でも意識の高い学校と低い学校がある。このような現状を打破し、全国的に防災教育を充実させていく必要がある。

② 教職員の課題

学校において防災教育を実施するのは、原則として教職員である。しかし、現在のところ防災を専門とする教職員はおらず、一般の教職員が防災教育をすることになる。しかし、教職員の防災に関する知見が高いとはいえないのが現状である。筆者は、兵庫県の学校防災アドバイザーをしているが、非常に真剣に防災に取り組む教師もいるが、避難訓練の際も真剣みのない教職員や防災の知識をほとんどもたない教職員も多くいる。また、忙しくて防災にまで気持ちがいかない、という教職員も数多くいるのが現状であり、由々しき問題である。文部科学省も、そのようなことを把握しているようで、「児童生徒等に防災に関する知識・理解を深めさせ、行事や避難訓練、防災管理等の計画の見直しを行うにあたっては、教職員の防災意識・知識の向上を図る取組や、地域に向けた情報発信、家庭・地域の防災組織と連携した活動を積極的に取り入れていくことが重要であり、その実践が災害に強い学校・地域づくりに進展していくことになる[13]」と指摘しており、児童生徒に質の高い防災教育を施すためには、教職員の防災に関する意識と知識、さらには指導力の向上が求められる。

③ 避難訓練のあり方

学校における避難訓練を防災教育の一環として捉えている場合がほとんどであるが、避難訓練は、消防法第八条に基づいてすべての学校が必ず行わなければならないことである。その避難訓練を防災教育に転用してしまっているのだと教職員が自覚することが大切である。安易に学校行事の一環として行っているから、真剣に取り組まない、あるいは他人事のような態度で訓練に臨む教職員がいるのだ。しかし、避難訓練は、あくまで法律によって学校側が行わなければならない訓練である。学校設置者・防火管理者は、教職員を災害などの時に迅速かつ組織的に行動できるように訓練し、児童生徒の安全を守れるようにしておかなければならない。したがって、教育としての避難訓練は別途行うべきなのである。教職員が消防法に基づく避難訓練をした後に、児童生徒の防災教育としての避難訓練を行うことが原則といえる。あえて消防法に基づく避難訓練を防災教育の一環として転用するなら、教職員は高い避難誘導の能力を有しておかなければならない[14]。

④　防災教育の教科化

防災教育は、今みてきたように、各教科や総合的な学習の時間、特別活動において行うように指導しているだけで、教科として独立してあるわけではない。しかも、防災教育を含む安全教育は「各教科等の特質に応じて学校の教育活動全体を通じて適切に行うよう示されている[15]」だけであって、必ずやらなければならない、ということではないのである。防災教育がこのような位置づけである限り、地域差や学校差は必ず起こる。つまり、現在の状況では全国的な防災教育の向上は非常に難しいということである。「安全教育を新たな教科等として位置付けることの必要性については、引き続き検討すべき[16]」とあるように、防災教育を徹底させるためには、防災を教科として位置づける必要があろう。

２　地域コミュニティでの備え

地域コミュニティにおける防災の備えは、自治会、町内会、自主防災組織、消防団などによって実施される場合が多いが、ここでは自主防災組織の活動を例にとり、その内容をみていきたい。

まず、平常時は、防災知識の普及（研修会・シンポジウム・楽しい催し）、危険箇所などの点検（ストーブや地域の危険箇所）、災害弱者の把握と救助体制の構築、防災資機材の整備、防災訓練の実施、防災教育の実施、災害ボランティア活動の実施などがある。

次に、災害時には情報の収集・伝達や初期消火、救出・救助活動、避難誘導活動、給食・給水、危険箇所などの巡視など直接地域の人々の命を守る活動を行うことになる。

しかし、地域コミュニティの崩壊や高齢化や少子化などにより、一地域だけでは防災力に限界がある。人、知識、技術を高めるためには、地域コミュニティと地域コミュニティ、地域コミュニティと大学、地域コミュニティとNPO、NGO、地域コミュニティと防災ボランティア、地域コミュニティと企業などといった連携が求められる。

(1) 地区防災計画

地区防災計画とは、地域コミュニティにおける共助による防災活動の推進の観点から、市町村内の一定の地区の居住者及び事業者（地区居住者等）が共同して行う自発的な防災活動に関する計画である。二〇一三年（平成二五年）の災害対策基本法改正にともない創設され、二〇一四年（平成二六年）から施行されている。これは、従来のトップダウン方式、つまり国の災害対策基本法とそれに基づく都道府県、市町村の地域防災計画を定めて災害に対応するというものとはまったく違う。東日本大震災において地区単位の「共助」の重要性が明らかになったことから、ボトムアップ方式による計画の策定を推進するために策定されたのである。地区防災計画は、自由な内容で計画を策定することが可能であり、都市部のような人口密集地、郊外、海岸沿い、山川、豪雪地帯などあらゆる地区を対象とし、各地区の特性（自然特性・社会特性）や想定される災害に応じて地域で考え作成するものでる。

したがって、地区防災計画を作ろうと思えば、地域の住民や事業者が何度も集まり、議論しながら行うことになり、地域コミュニティの活性化につながるのである。地域コミュニティの活性化と地域防災力は表裏一体の関係にあることから、地区防災計画制度が、地域防災力の向上だけでなく、地域コミュニティの活性化を通して、地区の実情に応じたきめ細かいまちづくりにも寄与する可能性がある。なお、作成にあたっては地域住民だけではなく大学や災害ＮＰＯなどの協力を得ながら進めることが望ましい。

（2）地域における防災教育と防災訓練

防災力としての共助を高めていくために最も大切なことが、地域における防災教育と防災訓練の推進である。地域の住民一人ひとりが防災に関する知識を学び、意識を高め、いざという時に協力し合って迅速に行動するためには日頃から地域で防災を学ぶことが大切である。

それには、自治会や自主防災組織が主導して、これから来るであろう大規模災害にむけて、地域において防災教育と防災訓練を推進していかなければならない。その地域の自然的条件や社会的実情にあわせて、住民参画型の防災教育を行うのが望ましく、防災訓練と合わせて、リーダー研修と全住民参加を前提としたイベント形式のものを織り交ぜながら地域防災力を高めていくことで、近い将来起こるであろう大規模災害から命と地域を守らなければならない。また、防災訓練も単に避難所で集合して消火訓練をするというようなものではなく、実際の災害をイメージしながら行う発災対応型の訓練や、地図を用いた図上訓練などに市民が主体的に参加し、真剣に取り組めるような工夫が必要であろう。

［4］阪神・淡路大震災と支援活動

1　阪神・淡路大震災の概要

一九九五年一月一七日、淡路島北部を震源としてマグニチュード七・二の地震が発生し、激しい揺れが阪神間や淡路島を襲い、震度七がはじめて適用された。その被害は甚大で、死者は六四三四人にのぼり、家屋の被害は全壊及び半壊棟数二四万九一八〇棟に達し、街は壊滅した（写真5‐2）。避難人数も約三一万人にのぼり、冬の寒い中での厳しい生活を強いられた。被害総額は、一〇兆円規模といわれている。

筆者は、震災直後から、学生の安否を確認しようと神戸の街を歩き回っていたが、文明が徹底的に破壊されてしまったという印象が残っている。ビルが倒れ、家屋が崩壊し、高速道路が落ち、線路は曲がりくねり、街は焼け野原になり、街中が煙に包まれて焦げ臭いにおいが立ち込めていた。まさに地獄絵に自分が紛れ込んだような感覚であった。

2　ボランティア元年

一九九五年、この年を「ボランティア元年」と呼ぶ。もちろん、一九九五年から日本においてボランティア活動が始まったということではない。昔から町内会や自治会、婦人会などの相互扶助のシステムがあったし、ボラ

写真 5-2　阪神・淡路大震災（灘区）
（「神戸　災害と戦災　資料館」http://www.city.kobe.lg.jp/ より（Copyright：神戸市））

ンティアという言葉で社会貢献活動が行われるようになったのは戦後であるが、一九七〇年代頃には、障害者運動などに伴って、ボランティア活動が広がり始め、当時、地域にボランティアセンターなどが設立され始めたりもした。また、災害ボランティアとしては、一九二三年の関東大震災の際も、全国から駆けつけた青年団や東京帝国大学の学生たちがボランティアとして活躍した。戦後では、一九五九年の伊勢湾台風において東海地方の大学生や高校生を中心に救援活動が行われ、一九九〇年の普賢岳大噴火の際にもボランティアが多く参加した。

しかし、阪神・淡路大震災という大惨事に、震災直後から圧倒的な数のボランティアが全国から駆けつけたのである。ボランティアという言葉が市民権を得てきた時期でもあり、その規模と重要性から、一九九五年を「ボランティア元年」と呼ぶようになったのである。

震災直後の初めの一ヶ月間は一日平均二万人、一年間で約一三八万人という多くの人々が被災者のために救助活動や支援活動、さらには復旧支援活動を行った。彼らボランティアのうち約六割が県外からであり、七割近くがボランティア経験のない人であった。そのなかでも若者の参加が多く、ボランティア全体のうち二〇歳未満が二三パーセント、二〇歳代が五〇パーセントを占め、高校生や大学生が六割近くにのぼった。

彼らの支援活動は、救援物資の提供、瓦礫の処理、炊き出し、避難所の運営、救援物資の搬出・搬入・管理、仮設住宅での生活支援、清掃活動、心のケア、引っ越しの手伝い、夏祭りやコンサートなどの各種イベントの開催など多岐にわたった。そして、これらの活動は、多くの被災者の生活をサポートするとともに、心の支えにもなったのである。

しかし、その活動の多くは組織化されておらず、各ボランティアが思い思いに被災地に入り活動したため、必ずしも被災地のニーズに応えたものではなかった。こちらの地区では溢れるほどボランティアがいるのに、あちらの地区ではほとんどボランティアがいないというような状況が多々見られた。また、ボランティアの知識も技術も経験もない人々がいきなり、専門性が必要な災害ボランティアに参加したため、その活動がかえって被災者に迷惑になったり、負担になったりすることもあった。ただ、阪神・淡路大震災という大災害の場でのこれらの経験を通じて、支援する人、支援される人、その事実を知った人が、それぞれの立場で「ボランティア」という言葉の意味を考え、その重要性を知ったのである。また、ボランティア活動を通じてさまざまな問題点や課題にぶつかり、思い悩みながらも解決していく過程でボランティア活動の日本的あり方を見いだしていったのである。このような過程を踏むことで、ボランティア、とくに災害ボランティアがわが国にある程度定着したといえるのだ。これを契機に、わが国にボランティアという言葉も活動も急速に広まり、多くの人々がボランティアに関わり、その後もボランティア活動を行う潮流が日本にひろがったのである。

それまで、わが国では「ボランティア」をしているというと、偽善者だとか、変わり者というレッテルを貼られるとか、思想的に偏った人物だと見られることがあった。しかし阪神・淡路大震災では、ボランティア活動が特別な行為ではなく、人間の当然の行為のひとつであるということを明確化したのであり、ボランティアのイメージが一新された。これらの出来事から、わが国では多くのボランティア団体が生まれ、コーディネーターなどの資格も確立し、ボランティア保険なども整備されるようになった。

３　災害復興

阪神・淡路大震災は、先にも述べたように、直下型大地震が都市を襲った都市型大規模災害の典型であり、多くの死者と負傷者、多くの建物の被害がでた。また、地震に伴う大規模な火災も被害を拡大したのである。

この災害の復興は、どのように進められたのか。兵庫県を取り上げてみていこう。

県によって、県下の被災地全体の復興計画が策定されたのは、震災後、半年が経った一九九五年（平成七年）七月である。目標年次は、二〇〇五年、つまり一〇年間で復興を遂げるという計画である。

県は、「復興にあたって重要なことは、単に一月一七日以前の状態を回復するだけではなく、新たな視点から都市を再生する『創造的復興』を成し遂げることである」として「創造的復興」を掲げ、その基本理念を「人と自然、人と人、人と社会が調和する『共生社会』づくり」とし、福祉のまちづくり、国際的な文化豊かな社会づくり、産業の活性化、災害に強く安心な都市づくり、ネットワーク型都市圏の形成を目標に復興事業を行ってきた。

この復興にあたっては、政府主導ではなく被災住民、自治体、企業などが共同で被災実態にあった復興計画をたて、実行していったのである。その結果、国内外の災害復興と比較して際立った成果をあげたといえよう。

しかし、国はインフラ以外の復旧は地方自治体が行うべきという立場をとったため、兵庫県をはじめ被災自治体は大きな財政負担を強いられることになり、長期にわたって財政状況の悪化を招いたのである。

また、国は、被災者の生活や住宅、仕事の再建に、公的支援による「個人補償」はできないとし、被災地域が疲弊したため、震災から五年間の復興需要の九割が県外に流出してしまい、被災地経済の再生につながらなかった。さらに、高齢者問題も深刻で、震災から二〇年で仮設住宅と災害公営住宅での孤独死が一〇九七人にものぼっている。復興まちづくりに関してもＪＲ新長田駅南地区開発事業は巨大ビル群が立ち並ぶが、賑わいはなく多くの商店主がローンに追われ、廃業を余儀なくされており、街は極度に疲弊しているのが現状である。

そして、いまだに震災時のショックからＰＴＳＤなどの心理的疾患を抱え、あるいは震災で障がい者となった被災者が数多くいることも忘れてはならない。

阪神・淡路大震災の復興は終わったわけではない。これからも社会的弱者のケアも含め、一人ひとりの被災者に向きあった復興が求められる。

［5］東日本大震災と支援活動

1　東日本大震災の概要

二〇一一年三月一一日一四時四六分、宮城県沖で「東北地方太平洋沖地震」が発生した。地震の規模は、マグニチュード九・〇で日本周辺における観測史上最大の地震であった。仙台などでは震度七を記録した。さらに、この地震によって、大津波が発生し、東北地方、とくに岩手県、宮城県、福島県の太平洋沿岸部に押しよせた。津波の高さは最大で二一・一メートル（福島県富岡町）、遡上した高さは、最大四三・三メートル（宮城県女川

写真 5-3　東日本大震災（仙台市若林地区・筆者撮影）

町）にも達し、最大で海岸から四九キロメートルの内陸までさかのぼった（北上川）。この津波により、未曾有の壊滅的な被害がもたらされた。大津波によって多くの街が、街ごと津波に飲み込まれてしまい、壊滅的な被害を受けたのだ。

この東日本大震災は、死者・行方不明者は、あわせて約一万九〇〇〇人にのぼり、多くの人々が家や職場をなくした。すべてのライフラインや公共交通機関が停止し、長期間にわたって広範囲の地域が街の機能を失ったのである。さらに、それに追い打ちをかけるように、津波が福島第一原子力発電所を襲い、わが国史上最悪の原発事故が起こってしまったのだ。福島県を中心に広範囲に放射能が広がったのである。

２　被災地の状況

筆者が被災地に向かったのは、発災から一週間後の三月一八日である。被災地に降りたつと見渡す限り、何もない、荒涼とした大地が広がっていた。阪神・淡路大震災では、町中の家が倒れていたが、ここでは家の土台だけが一面に広がっているのだ。阪神・淡路大震災の時は、「文明が徹底的に破壊された」という印象であったが、東日本大震災では、「文明が失われてしまった」という印象であり、音ひとつしない時間が止まった空間であった。

（1）避難所生活

被災者はこのような状況である、というようにいうことはできない。一人ひとりが、それぞれの状況や悲しみ、思いがある。しかし、避難所では、人々の状況を無視して、体育館やホールに何百人も詰め込まれている。第1章でも述べたが、このような状況下にもかかわらず、被災者は不平不満を何ひとつ言わずに沈黙している。そして、筆者らボランティアが行くと、やさしく迎え感謝の気持ちを伝えてこられる。避難所の中も外も誰も騒いでいないし、支援物資の配給があっても皆整然と並んでいる。まして、暴動や略奪などあり得ないことである。この対応はどういうことなのだろうか。阪神・淡路大震災の時もそうであった。海外の災害時の混乱や略奪の状況とはまったく違う。ここで、日本人の倫理観の高さと日本人としての資質を目の当たりにした。

（2）避難所から仮設住宅へ

震災の年の夏ごろから、ようやく仮設住宅が少しずつ完成し、被災者は避難所から順次、仮設住宅に引っ越した。このことで、少しは生活が改善され、プライバシーも確保されるようになった。ただし、収入がないのに、食料の配給がなくなったり、一人暮らしの高齢者が孤独死をしたり、仮設内のコミュニティが形成されなかったりと多くの問題も発生し、被災者の生活はままならないのが現状であった。

当時、多くの国民から寄せられた義援金は、いつまでたってもほとんどが被災者の手に渡らず、いつ支給されるかも定かでない状態が続いていた。

子どもたちも、仮設住宅での生活のなかでストレスがたまっている。にもかかわらず、大人たちの大変さを目の当たりにして、じっと我慢している。そのはけ口の対象が、時にして学生ボランティアとなることも多い。また、勉強が手につかない子どもたちも多いが、大人たちもそのことに構っている心の余裕がなかった。

恒久住宅のめどは、まだ多くの地域でたっておらず、とくに高台移転を余儀なくされている地域の移転計画はほとんどたっていない状態であった。

さらに、福島県では、復興というより、放射能汚染により復旧自体が行えない地域が多くある。故郷に帰ることができなくなった多くの被災者が全国に分散して生活をはじめており、避難所生活をしている被災者が多くいる。東日本大震災では、国や自治体の対応の遅さが際立っていた。

３　ボランティアの状況

東日本大震災でも、多くのボランティアが全国から集まった。その数は、一年間で約一〇〇万人にのぼった。震災の直後は、東北道をはじめ多くの道路が通行不可能であったり、ガソリン不足であったり、宿泊施設が不足していたりして、なかなかボランティアが被災地へ赴くことができなかった。また、岩手県、宮城県、福島県では被害が甚大なため、ボランティアを受け入れる災害ボランティアセンターの設置そのものが遅れ、ボランティアの受け入れ態勢が整ったのは四月以降であった。とくにゴールデンウィークの五月三日には、三県で一日に約一万二〇〇〇人のボランティアが活動するに至った。ボランティアたちは、おもにボランティアバスに乗って被災地に入り活動した。

阪神・淡路大震災において、大学生によるボランティア活動が活発に行われ、その有効性が証明されたこともあり、東日本大震災においても、大学生によるボランティアに期待が寄せられた。そして、多くの若者が被災地に入り、活動した。しかし、それに対して、一部の大学を除いて多くの大学が学生のボランティア活動をサポートするための何の施策も行わなかった。その理由は、ボランティアは本来、自発的に行うものであるという立場、あるいは危険地域に大学として学生を派遣することに躊躇するという立場がその理由であろう。だが、人道的見地に立てば災害ボランティアは当たり前であるし、大学の社会貢献的責任、また学生の教育的効果を考えると、安全性を確保すれば災害ボランティアとして学生を派遣することの意味は大きい。この学生ボランティアの問題は、これからの課題である。

ボランティア活動の内容について、筆者が所属している神戸学院大学は、震災直後から支援活動を開始し、継続的支援を行ってきたので、その活動内容を具体例として入れながら論じていく。

① 緊急救援期（三月～四月）

被災地内や被災地近隣に住んでいるボランティアは、発災直後から現地入りし、孤立した避難者の救助や緊急の食料支援などを行った。しかし、遠方からのボランティアは、被災地の道路事情、ガソリン不足、災害ボランティアセンターの設置の遅れ、危険区域の設定、余震などで本格的なボランティア活動は困難であった。しかし、筆者らは、被災直後から先遣隊として被災地に複数回入り、現地調査と緊急援助を行いながら、本格的な活動の準備を行った。

② 避難所援助期（四月～八月）

四月からは、現地に大学からコーディネーターを送り込み、常駐させることで現地のニーズを把握することに努めた。五月のゴールデンウィークには、全国からも多くのボランティアが被災地に入り、本格的な活動が開始された。石巻市や名取市、気仙沼市の避難所では、炊き出しをはじめ、食料・水の配達、夏祭りなどを実施した。

また、子どもの遊び相手や足湯マッサージをすることで、被災者の心のケアも行った。また、被災地の災害ボランティアセンターの紹介で、被災した民家や施設の泥出しや家財の後片づけ、在宅者の安否確認などを行った。

③　復旧期・復興期（八月〜現在）

秋以降は、被災者が順次、仮設住宅に入居するようになったので、名取市と石巻市にある仮設住宅に、支援場所を固定し、その後現在に至るまで支援している。入居当初は、何もないなか被災者たちが困惑していたので、住宅環境や住民のニーズを確認しながらの活動をした。引っ越しの手伝いやベンチや棚、表札などの製作、集会所を拠点とした茶話会、編み物教室、クリスマス会などの季節の行事や雛人形作りなどの作業、子どもたちとの遊び、生活支援マップの作成など住民と共に行ってきた。ある程度の時間が過ぎると支援というよりは交流という意識で活動するようになっている。

４　企業の社会貢献元年

東日本大震災においても発生直後から、企業による支援活動やボランティア活動が非常に活発に行われた。全国の企業から支援物資や義援金、支援金が送られるとともに、多くの社員が被災地に駆けつけて救援活動や復旧活動に携わったのだ。このことは、画期的な出来事である。

筆者は、東日本大震災における企業の活発な社会貢献活動を、わが国における「企業の社会貢献元年」と名付けたいと思う。いずれにしろ、東日本大震災における企業の支援活躍は目を見張るものがある。

（1）企業による支援活動

東日本大震災では、多くの企業・団体が多額の支援金を集め被災地に届けた。その額は、二〇一一年九月までの約半年の間に約一〇一一億円にのぼり、企業・団体が社員や消費者・顧客等に寄付を呼びかけて集めた支援額約二一三億円を加えると支援額は約一二二四億円に及ぶ。多くの企業・団体が、被災者・被災地支援に取り組んだのだ。そのほかにも、人材や技術など、各企業が本業を活かして現地ニーズにそった支援を模索しつつ、さまざまな活動を展開している。さらに、東日本大震災の支援活動の特徴として特筆すべきは、その対応の迅速さと長期にわたる支援のコミットメントである。約二三二億円が震災直後の三月末までに企業から支出され、現物寄付も六六四件が実施されたのだ。このような企業の対応は、今までと比べればきわめて異例のことである[17]。

大規模災害における被災地のニーズは、時間の経過とともに刻々と変化する。これに対応して各企業・団体は出来得る限り対応したといえよう。

① 発生・緊急救援期

震災発生直後から、被災地にある企業は最大限の人命救助や被災者支援活動を実施した。たとえばイオングループのように店舗を避難所に提供した企業も多くあった。関東地方でも大きな被害がでたが、東京ディズニーランドでは災害直後から客に施設を避難所として提供した。また、緊急支援として、トヨタのように発生後すぐに緊急支援チームを被災地に送りこむ企業もあり、電気・ガス・通信などのインフラや商業施設などの復旧・再開に全力をあげて活動をした。その一方、義援金・支援金を被災地に寄付し、避難所に飲料水や食料品、毛布や日用品などの救援物資を提供した。

② 避難援助期

五月以降は、多くの企業が社員を被災地にボランティアとして派遣して、泥かきや草刈り、炊き出しなどを行った。また、仮設住宅への移転に際して必要となる日用品や家電品、ＩＴ関連サービスなどを提供した。さらに、子どもの教育支援や心のケアを実施するとともにさまざまなイベントを企画して被災者の方々を勇気づけたのである。

③　復旧期

秋以降は、多くの被災者が仮設住宅に入居したが、不便なことが多く、隣近所のコミュニティもない状態であった。そこで仮設住宅における新たなコミュニティ形成の手助けをした。一方、農業や漁業、水産加工業などの地場産業の復旧・復興に関する支援などを行う企業もあった。その後も、復興期に入っても多くの企業が被災地復興のための支援を行っている。

このような支援活動において、特筆すべきことは社員のボランティアが多数現地入りして活躍したことである。多くの企業が社員等に対して被災者・被災地支援活動への参加を促し、企業人の参加延べ人数は二〇一一年九月末までに約一八万人にのぼっている。さらに、企業独自のボランティアプログラムを企画して実施したり、国・地方自治体やＮＰＯなどと連携や協働をしたりして支援活動に参加した企業や企業人が多かったのである。

東日本大震災は、まさに日本にとっての国難である。政府だけでなく、企業や民間団体、そして市民一人ひとりが、その復旧・復興に積極的に取り組んでいくべきことである。そのことが、同時に近い将来、起こるであろう首都直下地震や南海トラフ巨大地震への備えともなるのである。

5　東日本大震災復興の状況

東日本大震災の復興は、二〇一二年二月に新設された復興庁がその中核をなしている。その活動内容は、被災者支援、公共インフラの復旧、住宅再建、復興まちづくり、産業・なりわいの再生、福島の復興・再生など多岐にわたる。震災から五年が経とうとしているが次のような状態である(18)。

二〇一五年一二月現在でも、避難者は約二〇万人にのぼり、避難の長期化による心身の健康が危ぶまれる。しかも、被災した市町村の中では著しい人口の減少や高齢化が進んでおり、いまだに復興のあり方が見えない現状である。

また、公共インフラは、ようやく瓦礫の処理が終了したが、災害公営住宅の進捗率は四六・五パーセントと半分に満たず、民間住宅等用宅地の進捗率は二九・七パーセントと三分の一以下である（二〇一五年〔平成二七年〕一一月末現在）。復興まちづくりもまだまだこれからという段階である。

産業も、相当回復してきたが業種によって偏りがある。宮城・岩手・福島の鉱工業生産指数は震災前の水準に近づいたが、津波被害のあった農地は七〇パーセント、水産加工業では八三パーセントで再開可能となっている。しかし、再開しても売り上げが上がらない業種、とくに水産・食品加工業は二割の回復しか実現しておらず、厳しい状況が続いている。

とくに福島県では、福島第一原子力発電所の事故で、放射能の除染が進んだ地域から警戒区域・避難指示区域の見直しが行われているが、いまだに多くの地域で立ち入りが制限されており、全住民が避難する富岡、大熊、双葉、浪江、葛尾村、飯舘村は住民がいないという状況である。また、県内避難が約五万八〇〇〇人、県外避難が約四万四〇〇〇人、福島県だけで合計一〇万人以上が避難生活をおくっているのである。これでは、復興どころか、復旧そのものができていないのである（二〇一五年〔平成二七年〕一一月）。

このような状況のなか、地震発生から五年を迎え、二六兆円の復興予算を計上した五年間の集中復興期間（平成二三～二七年度）が終了する。その後は「復興・創生期間」として、さらに五年間の新たな段階に入る。これまで全額国費だった復興事業費は、新年度から一部を被災自治体が負担することになる。

しかも、政府は、二〇一六年～二〇二〇年度の復興・創生期間の五年間で、東京電力福島第一原発の事故対応以外の復興事業を完了させる方針を示している。そして、復興庁もその時点で閉庁となる予定である。阪神・淡路大震災後二〇年以上たっても復興が継続していることを考えれば、東日本大震災の復興は三〇年以上かかるのではないか。拙速な復興終結だけは避けてほしい。また、なにより東日本大震災における復興は、巨額な予算による国指導の復興であるため、被災者の心や生活に向き合ったものでないように思われる。まだまだ続く復興の過程において、物から人へ軌道修正していくことが必要であろう。

◉――文献

（１）Urban population (% of total) ; Data ; Table - The World Bank, 2014
（２）Swiss re, *Mind the risk: cities under threat from natural disasters*, 2013
（３）兵庫県『阪神・淡路大震災の復旧・復興の状況について』二〇一五年（平成二七年）
（４）内閣府『平成一五年版　防災白書』
（５）矢守克也・諏訪清二・船木伸江『夢みる防災教育』晃洋書房、二〇〇七年、第一章、参照
（６）文部科学省『学校安全の推進に関する計画』二〇一二年（平成二四年）、一一頁

（7）同前、一一頁
（8）文部科学省『「生きる力」を育む防災教育の展開』二〇一三年〔平成二五年〕、一〇頁
（9）同前、参照
（10）宮城県教育委員会では、公助を「ボランティア等、地域や社会の安全に貢献する」と規定している
（11）前林清和・江田英里香・田中綾子ほか『アクティブラーニング――理論と実践』デザインエッグ、二〇一五年、参照
（12）マイケル・ポランニー（佐藤敬三訳）『暗黙知の次元――言語から非言語へ』紀伊國屋書店、一九八〇年、一五頁
（13）前掲書（8）、一二頁
（14）中央教育審議会『学校における安全教育の充実について（審議のまとめ）』二〇一四年〔平成二六年〕、一〇頁
（15）同前、七頁
（16）同前、一〇頁
（17）日本経済団体連合会『二〇一二年度　社会貢献活動実績調査結果』二〇一二年
（18）復興庁ＨＰ

第6章

世界の災害と支援活動

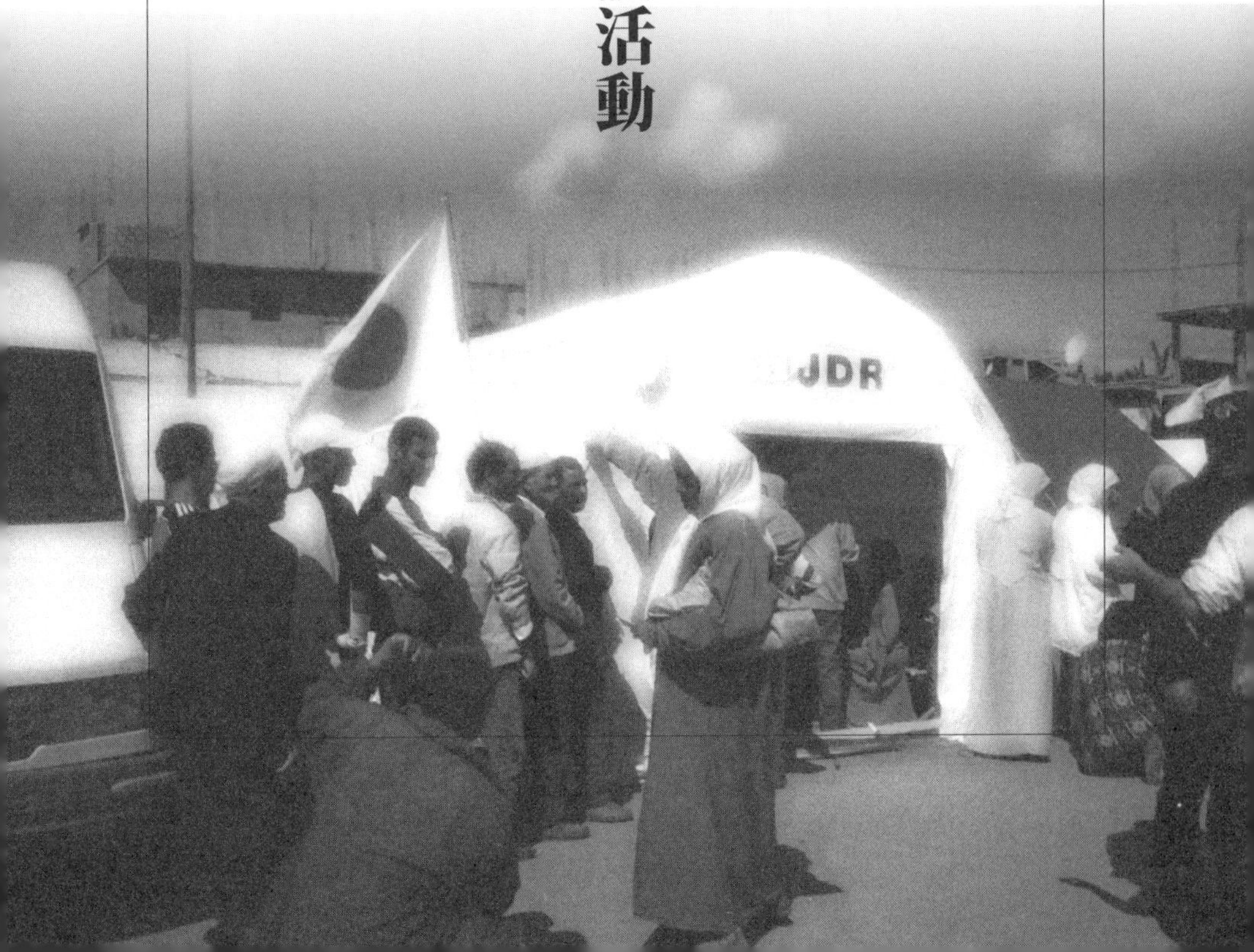

［1］世界の災害

「災害は、忘れたころにやってくる」と昔から言われるが、それは自分が住んでいる地域における災害、あるいは自分に直接的に影響を及ぼす災害を前提にしたものである。表6‐1をみればわかるように、二〇世紀のはじめから二〇一三年までの間に五〇〇〇人以上が亡くなった大災害だけでも八六回にのぼり、一〇年に八回近くは大規模災害が起きていることになる。つまり、世界的にみると、「災害は日常的にやってくる」ことがわかる。

そして図6‐1をみると、直近の二〇〇七年から二〇一一年の年平均でみると毎年、全世界で約二億人近くの人が被災し、一〇万人以上が亡くなっているのである。また、被害額としては、同じく二〇〇七年から二〇一一年の年平均で一五〇〇億ドル近く被害額が発生している。さらに、過去約四〇年間、災害の発生件数は増加傾向にあり、一九七二年から一九七六年の五年間の年平均と比べると、二〇〇七年から二〇一一年の五年間の年平均は六倍以上に増加している。それに伴い被災者数も増加している。また、被害額は全体として増加傾向にあり、とくに二〇〇五年に起きたアメリカのハリケーン・カトリーナの経済被害額は数百億から千数百億ドルにのぼるとされる。

災害が増加している原因はいくつか考えられるが、まず地球の人口の増加がもっとも大きな原因であろう。ハザード（危険な現象）がいくら起きても、そこに人がいなければディザスター（大規模災害）は発生しないのである。世界の人口は、この五〇年間で二・三倍になっている。また、世界的に都市化が進み人口が都市に集中していることも影響している。さらに、気候変動や森林伐採、砂漠化などによりハザードそのものが増加しており、ディ

表6-1　20世紀以降の主な自然災害の状況（1）

年	災害の種類	国名（地域名）	死者・行方不明者数（概数、人）
1900	ハリケーン・ガルベストン	米国、テキサス	6,000
1902	火山噴火	マルティニク（西インド、プレー山）	29,000
1902	火山噴火	グアテマラ、サンタマリア火山	6,000
1905	地震	インド、北部	20,000
1906	地震（嘉義地震）	台湾	6,000
1906	地震	チリ	20,000
1906	台風	香港	10,000
1907	地震	中国、天山	12,000
1907	地震	ウズベキスタン（旧ソ連）	12,000
1908	地震（メッシーナ地震）	イタリア、シシリー	75,000
1911	洪水	中国	100,000
1912	台風	中国、温州	50,000
1915	地震	イタリア、中部	30,000
1916	地すべり	イタリア、オーストリア	10,000
1917	地震	インドネシア、バリ島	15,000
1918	地震	中国、広東省	10,000
1919	火山噴火	インドネシア、クルー火山	5,200
1920	地震／地すべり（海原地震）	中国、甘粛省	180,000
1922	台風	中国、汕頭	100,000
1923	地震／火災（関東大震災）	日本、関東南東部	143,000
1927	地震	中国、南昌	200,000
1931	洪水	中国、長江等沿岸	3,700,000
1932	地震（甘粛地震）	中国、甘粛省	70,000
1933	洪水	中国、河南省他	18,000
1933	地震	中国	10,000
1935	洪水	中国	142,000
1935	地震（クエッタ地震）	パキスタン、バルチスタン地方	60,000
1939	地震／津波	チリ	30,000
1939	洪水	中国、湖南省	500,000
1939	地震	トルコ、東部	32,962
1942	サイクロン	バングラデシュ	61,000
1942	サイクロン	インド・オリッサ	40,000
1944	地震	アルゼンチン、中西部	10,000
1948	地震（アシガバート地震）	トルクメニスタン（旧ソ連）	110,000
1949	地震／地すべり	タジキスタン（旧ソ連）	12,000
1949	洪水	中国	57,000
1949	洪水	グアテマラ	40,000

表 6-1　20 世紀以降の主な自然災害の状況（2）

年	災害の種類	国名（地域名）	死者・ 行方不明者数 （概数、人）
1954	洪水	中国	40,000
1959	洪水	中国	2,000,000
1959	台風（伊勢湾台風）	日本	5,100
1960	洪水	バングラデシュ	10,000
1960	地震	モロッコ、南西部	12,000
1960	地震／津波	チリ	6,000
1961	サイクロン	バングラデシュ	11,000
1962	地震	イラン、北西部	12,000
1963	サイクロン	バングラデシュ	22,000
1965	サイクロン	バングラデシュ	36,000
1965	サイクロン	パキスタン、南部	10,000
1968	地震	イラン、北西部	12,000
1970	地震	中国、雲南省	10,000
1970	地震／地すべり	ペルー、北部	70,000
1970	サイクロン・ボーラ	バングラデシュ	300,000
1971	サイクロン	インド・オリッサ	10,000
1972	地震（マナグア地震）	ニカラグア	10,000
1974	地震	中国、雲南省・四川省	20,000
1974	洪水	バングラデシュ	28,700
1975	地震	中国、遼寧省	10,000
1976	地震（グアテマラ地震）	グアテマラ	24,000
1976	地震（唐山地震）	中国、天津	242,000
1977	サイクロン	インド、アンドラ・プラデシュ州	20,000
1978	地震	イラン、北東部	25,000
1982	火山噴火	メキシコ、エルチチョン火山	17,000
1985	サイクロン	バングラデシュ	10,000
1985	地震	メキシコ、メキシコ市	10,000
1985	火山噴火	コロンビア、ネバド・デル・ルイス火山	22,000
1987	地震	エクアドル北西部	5,000
1988	地震（スピタク地震）	アルメニア（旧ソ連）	25,000
1990	地震（マンジール地震）	イラン、北部	41,000
1991	サイクロン／高潮	バングラデシュ、チッタゴン等	137,000
1991	台風・アイク	フィリピン	6,000
1993	地震(マハラシュトラ地震)	インド	9,800
1995	地震（阪神・淡路大震災）	日本	6,300
1998	ハリケーン・ミッチ	ホンジュラス、ニカラグア	17,000
1999	地震（イズミット地震）	トルコ、西部	15,500

表 6-1　20 世紀以降の主な自然災害の状況（3）

年	災害の種類	国名（地域名）	死者・ 行方不明者数 （概数、人）
1999	サイクロン	インド	9,500
2000	洪水	ベネズエラ	30,000
2001	地震（インド西部地震）	インド	20,000
2003	地震（バム地震）	イラン	26,800
2004	地震・津波 (2004 年スマトラ沖地震・津波)	スリランカ、インドネシア、モルディブ、インド、タイ、マレーシア、ミャンマー、セイシェル、ソマリア、タンザニア、バングラデシュ、ケニア	226,000 以上
2005	地震（パキスタン地震）	パキスタン、インド、北部	75,000
2006	地震／火山噴火	インドネシア、ムラピ火山	5,800
2008	地震（四川大地震）	中国	87,500
2008	サイクロン・ナルギス	ミャンマー	138,400
2010	地震（ハイチ地震）	ハイチ	222,600
2011	地震・津波（東日本大震災）	日本、東北・関東地方等	21,800
2013	台風・ハイヤン	フィリピン、レイテ等	6,200

（注：東日本大震災の死者（震災関連死含む）・行方不明者数については平成 27 年 3 月 1 日現在の数値）
（出典：EM-DAT: The OFDA/CRED International Disaster Database - www.emdat.be.Université Catholique de Louvain. Brussels (Belgium) の資料をもとに内閣府作成）
（内閣府「平成 27 年版　防災白書」附属資料 25 より死者・行方不明者数 5,000 人以上の自然災害を抜粋して作成）

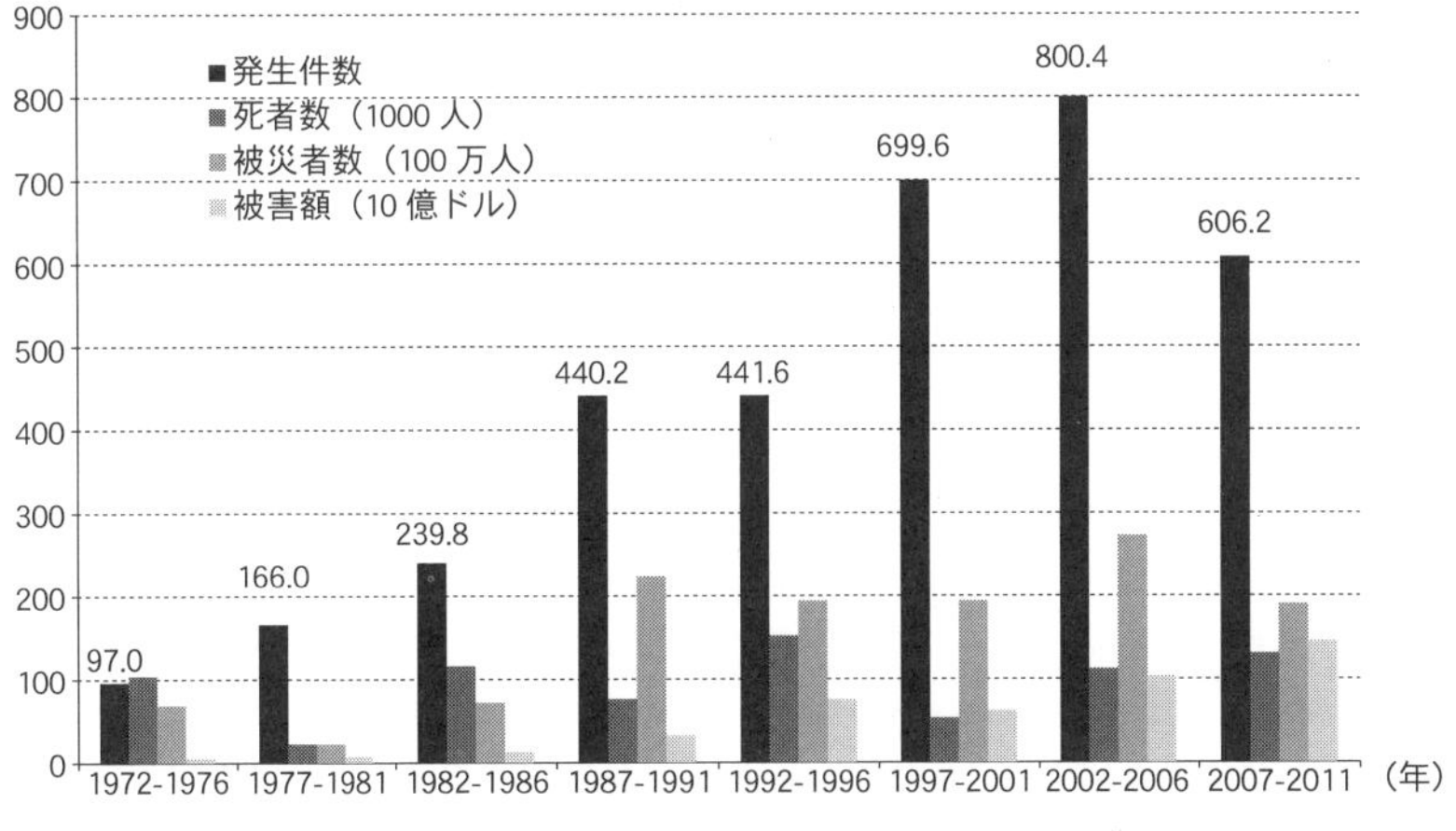

図 6-1　世界の自然災害発生頻度および被害状況の推移（年平均値）
（出典：CRED、アジア防災センター資料をもとに内閣府作成）
（内閣府『平成 25 年版 防災白書』より）

ザスターも増えている。

［2］開発途上国の現状

開発途上国の災害について考える前に、まず現状をみてみよう。これは、開発途上国の災害を考えるうえで重要なことである。

開発途上国におけるもっとも深刻な問題は、貧困である。国連開発計画（ＵＮＤＰ）は、貧困を「教育、仕事、食料、保健医療、飲料水、住居、エネルギーなど最も基本的な物・サービスを手に入れられない状態のこと」であると定義している。つまり、貧困とは、単に個人的な経済問題だけではなく、人間が基本的な生活を十分に送れない状態を意味するのである。さらに、極度の、あるいは絶対的な貧困とは、「生きていくうえで最低限必要な食料さえ確保できず、尊厳ある社会生活を営むことが困難な状態を指す」としている。つまり、貧しさの極致は、満足に食べることができない状態であり、人間としての尊厳が守れない生活のことを意味する。

これらのことを総合的に考えると、貧困には、経済的側面（人間らしい生活水準）、教育的側面（知識）、健康的側面（長寿で健康な生活）などさまざまな側面があり、それらを総合的にみて低い状態を貧困と捉えていると考えてよいであろう。ここでは、貧困の三つの要素のうち、経済的側面（人間らしい生活水準）をとりあげ検討していきたい。

表 6-2　ＯＥＣＤ加盟国（34 ヶ国）

(1) EU 加盟国（21 ヶ国） イギリス、ドイツ、フランス、イタリア、オランダ、ベルギー、ルクセンブルク、フィンランド、スウェーデン、オーストリア、デンマーク、スペイン、ポルトガル、ギリシャ、アイルランド、チェコ、ハンガリー、ポーランド、スロヴァキア、エストニア、スロベニア (2) その他（13 ヶ国） 日本、アメリカ合衆国、カナダ、メキシコ、オーストラリア、ニュージーランド、スイス、ノルウェー、アイスランド、トルコ、韓国、チリ、イスラエル

１　世界の経済的な貧しさの現状

世界には、一九六ヶ国の国がある（二〇一五年現在・外務省ＨＰ）。しかし、そのうち先進国といわれる国は、三〇～四〇ヶ国程度しかない。たとえば、ＯＥＣＤ加盟国は三四ヶ国である（表６‐２）。つまり、残りの一六〇ヶ国以上が開発途上国ということになる。開発途上国のなかでもとくに開発の遅れた国を後発開発途上国というが、現在四九ヶ国ある。後発開発途上国は一人当たりのＧＮＩ（国民総所得）が九九二ドル以下である。日本の一人当たりのＧＮＩが四万六一四〇ドル（世界銀行、二〇一三年）なので、その約四七分の一以下の国が四九ヶ国もあることになる。

また、現在、世界中で九億近くの人々が、一日一・九ドル以下（国際貧困ライン）で生活している。つまり、世界で八人に一人が、とくにサハラ以南アフリカでの貧困率が高く、約四三パーセントの人々が、一日一・九ドル以下の生活をしている。そのなかでも最も率の高いマダガスカルでは八割を超え、ブルンジやコンゴ民主共和国も八割近い貧困率になっている[1]。

2　貧困と子ども

(1) 児童労働

ＩＬＯ（国際労働機関）によれば、二〇一二年の段階で全世界の五歳から一七歳の児童の一億六八〇〇万人が児童労働を強いられている。そのなかでも「危険有害労働をしている子ども」は、八五〇〇万人にのぼり、人身売買や徴兵を含む強制労働、債務労働などの奴隷労働、売春、薬物の生産などに従事させられている。これらはとくに子どもだからということではなく人間の人権と尊厳を完全に否定するものであり、許されるものではない。

また、危険有害労働者の地域別割合は三三・八パーセントがアジア太平洋地域、二八・七パーセントがサハラ以南アフリカ、九・六パーセントがラテンアメリカ・カリブ海、五・二パーセントが中東・北アフリカに住んでおり、圧倒的にアジアとサハラ以南アフリカが多い(2)。

児童労働は、国際法や国内法に違反しており、子どもの健全な成長を脅かし、心身ともに危険にさらすなど基本的人権を侵害するものである。

(2) 人身売買

世界中で子どもの人身売買が日常的に行われている。とくに開発途上国では、多くの子どもたちが売り買いされ、その後商業的性的労働や危険な労働を強いられている。しかし、その人数など信頼性の高いデータをとるのは非常に困難であり、国連諸機関においても全体を正確に把握することはできていない。ただ、およその人数として、毎年少なくとも一二〇万人の子どもが人身売買されていると推定される。なお、人身売買により性的搾取をうけている子どものうち、九八パーセントが女子、二パーセントが男子であり、女子の方が圧倒的に多い。

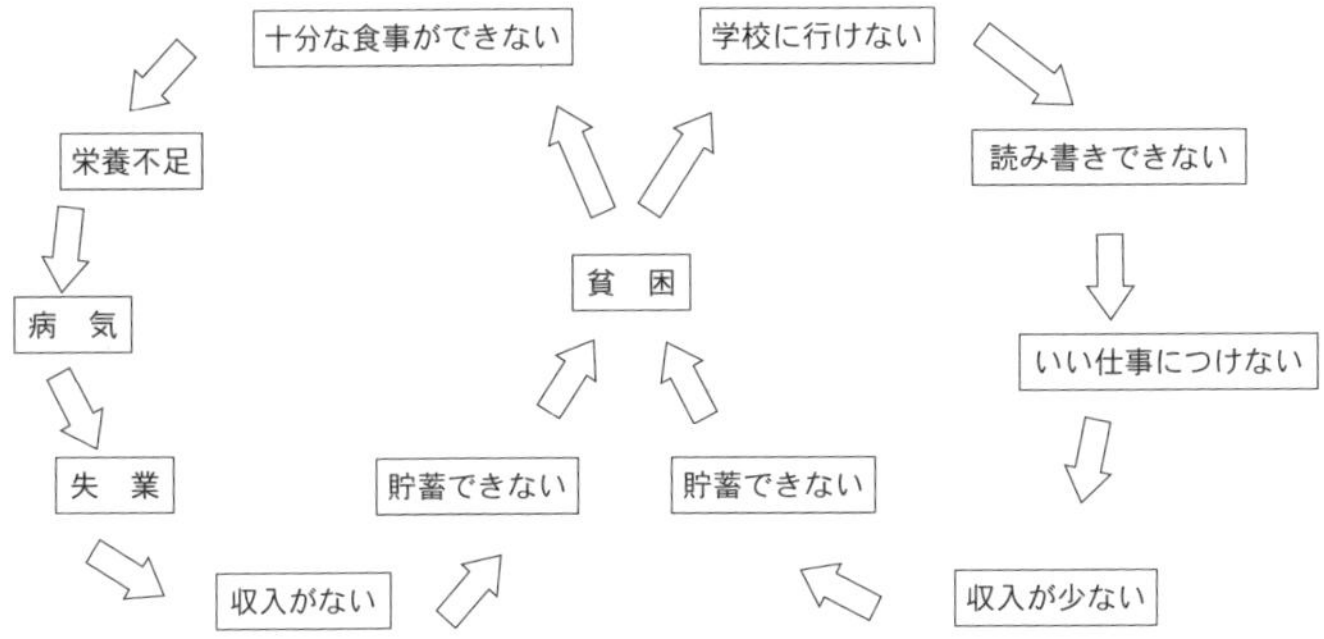

図 6-2　貧困の悪循環

3　貧困の悪循環

貧困の悪循環とは、一度貧困に陥るとなかなか抜け出せないという現実をあらわしたものである（図６‐２）。「貧しいのは働かないからだ」、「能力がないから貧困なのだ」といわれることがあるが、貧困の理由を個人の問題として捉えることはできない。世の中のシステムとしての問題なのである。つまり、いくら個人が貧困から抜け出そうと努力しようと思っても、あるいは努力しても、国全体が、地域全体が貧しいとそう簡単に貧困から抜け出すことはできないのだ。なぜならば、貧困は個人的、経済的な貧しさだけで形成されているわけではないからである。どういうことかといえば、「貧困の悪循環」とは、経済的に貧しい状態が長く続いていると、貧しさが原因で食料や健康、教育、就業などに深刻な悪影響がおよび、それらがスパイラル的に関連しあっているため、いくら努力しても、貧困から抜け出せない状態をいう。もう少し詳しくいうと、たとえば「教育的視点からみた貧困の悪循環」を考えた場合、「貧困」であるから「学校に行けない」、したがって「読み書きできない」、そのことで「いい仕事につけない」、「収入が少ない」、「貯蓄できない」、だから「貧困」である。あるいは、

「健康の視点からみた貧困の悪循環」の場合、「貧困」だから「十分な食事ができない」ので「栄養不足」になり、そのため、「病気」になり、仕事に行くことができず「失業」し、その結果「収入がない」、「貯蓄できない」から「貧困」が続くという具合である。

このようにして複数の「貧困の悪循環」に陥ってしまうのであるが、一巡するたびに低所得状態は、前よりもさらにひどい状態になる。そして、それに続く諸問題も同様に、前よりも深刻化した状態になる。さらに、次の世代、つまり子どもはさらにひどい状態となり、世代を超えて「貧困の悪循環」は継続されていくのである。

このような悪循環は、貧しい人々の世帯のなかで起こると同時に、地域や国全体という大きなレベルでも起こるのである。このような状態になると、貧困から抜け出そうとしても、いつまでたっても貧困のまま、あるいはさらにひどい貧困に陥っていくのである。

世界で貧困にあえぐ九億人近くの人々は、このようなスパイラルのなかで、基本的人権すら守られずにいるのだ。この貧困の悪循環を断つための方策が求められる。具体的には、どこかの局面を打開し、改善することが重要であり、そのための支援が必要である。たとえば「教育的視点からみた貧困の悪循環」を考えた場合、「小学校の整備や教師の配置」や「貧困な家庭の子どもが学校に行けるようになるための支援」をすることで、子どもたちは「学校に通う」ことができ、「文字がわかる」ようになり、そのことで「いい仕事」につき、「収入が得られ」、「貧困」からぬけだせる、ということになる。しかしながら、そのような地道な活動を一瞬にして元の木阿弥にしてしまうのが、大規模災害であり紛争なのである。

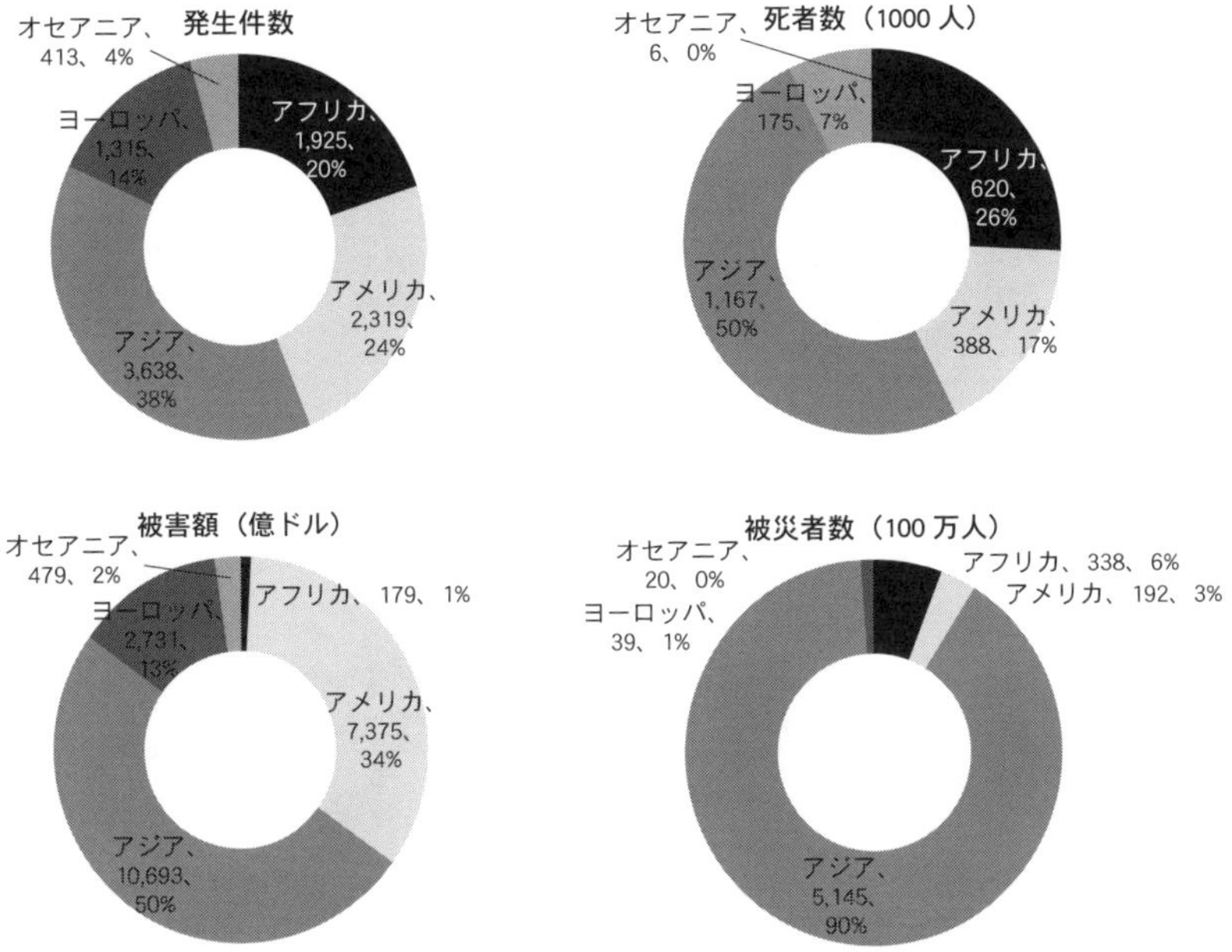

図6-3　地域別に見た1982～2011年の世界の自然災害
（出典：CREDの資料をもとに内閣府作成）
（内閣府『平成25年版 防災白書』より）

［3］開発途上国と災害――

1　開発途上国における災害被害の現状

過去三〇年間の世界の自然災害について、世界を五地域に分けてみてみよう（図6‐3）。

まず、発生件数の割合であるが、アジアとアフリカを合わせると五八パーセントにのぼる。また、死者数になるとアジアとアフリカで七六パーセントにも及び、被災者数ではなんと九六パーセントと限りなく一〇〇パーセントに近いのである。それに比べて、被害額はアジアが五〇パーセントであるのに対し、アフリカは一パーセントにすぎない。これはアフリカの経

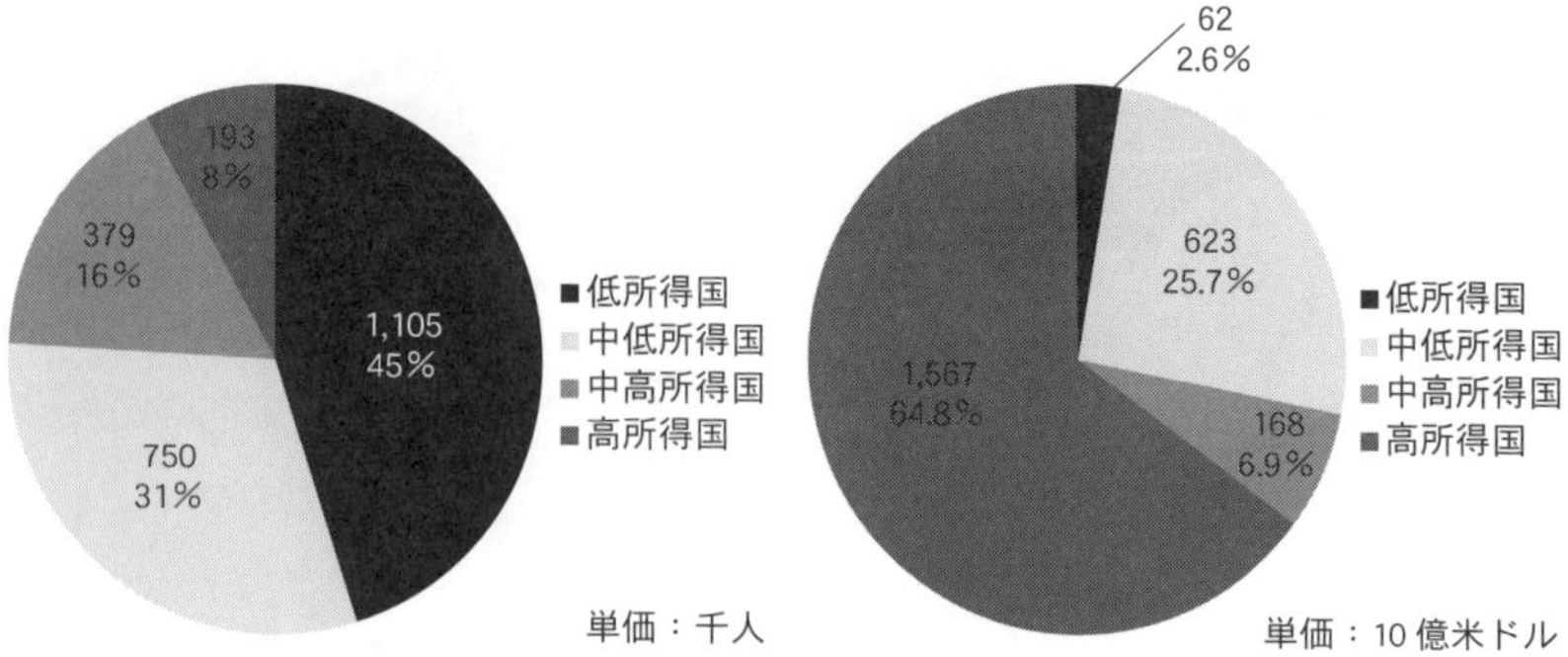

図 6-4　国の 1 人当たり平均所得別自然災害による死者数および被害額の割合（1984 ～ 2013 年）

（出典：EM-DAT をもとにアジア防災センター作成）
（引用：内閣府『平成 27 年版 防災白書』より）

済規模が小さいためである。このように、アジア、アフリカに開発途上国のほとんどが集中していることを考慮に入れると、開発途上国における自然災害の被害は甚大なものといえる。

それに対してヨーロッパ、アメリカは発生件数に比べて被災者数、死者数とも少ないが、経済規模が大きいため被害額が大きいのが特徴である。

次に、国の一人当たり平均所得別の自然災害による死者数と被害額の割合をみてみると、低所得国と高所得国とに明らかな特徴の違いがみられる（図6‐4）。まず、死者数は、低所得国と中低所得国を合わせると七六パーセントにもなり、災害が起きると貧しい国に人的被害が大きいことがわかる。一方、被害額では高所得国と中高所得国を合わせると七一・七パーセントと大きくなっている。つまり、災害が起これば貧しい国で多くの人が死に、裕福な国は経済的損失が大きいということである。

それでは国別にもう少し詳しくみていこう。図6‐5は、一九八〇年から二〇年間の世界各国の災害と災害死亡者数の年平均値をまとめている。災害死亡者数の多い国のベスト一〇は、エチオピア、北朝鮮、バングラデシュ、スーダン、モザンビーク、インド、イラン、中国、ベネズエラ、アルメニアの順になっており、

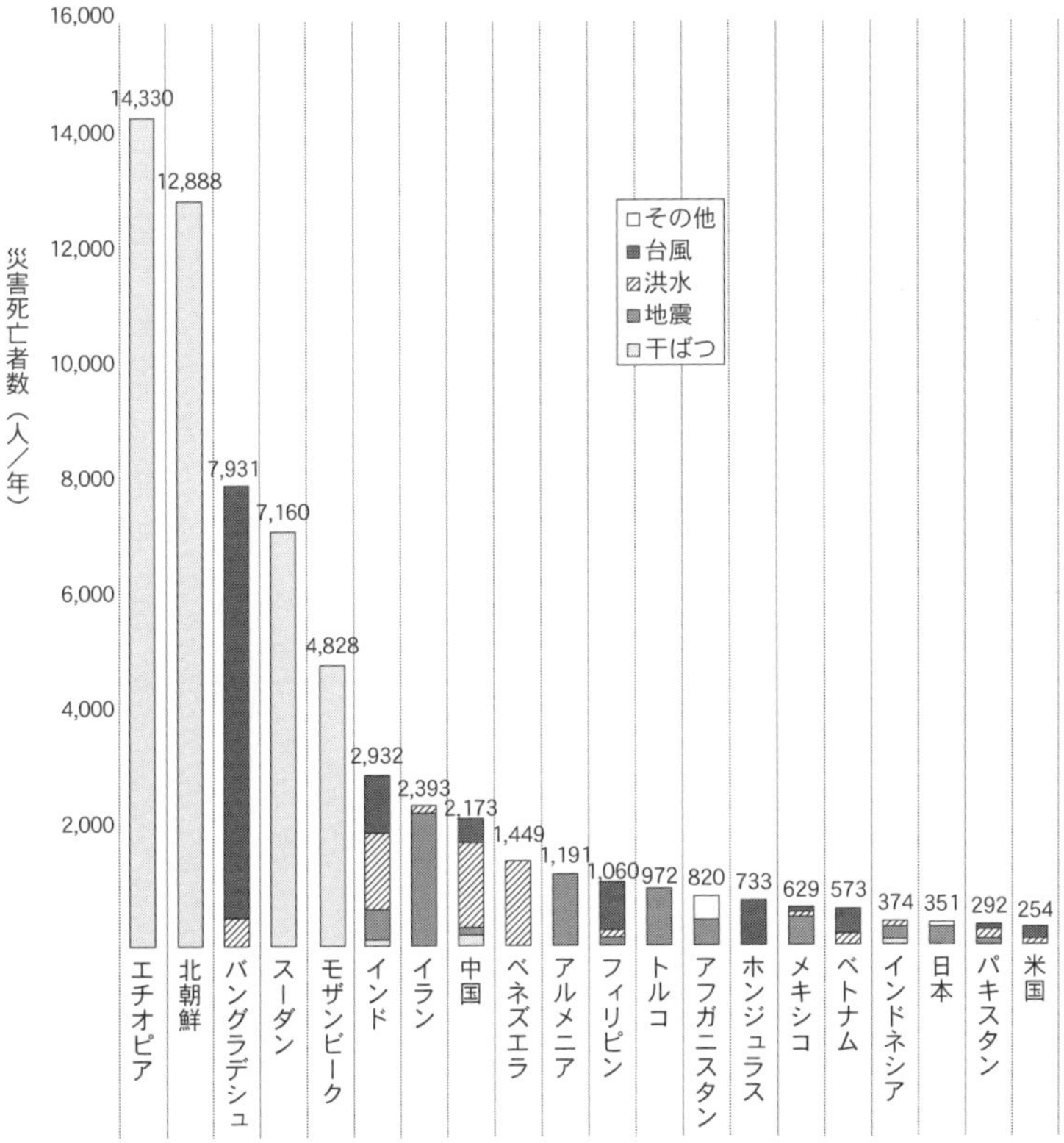

図 6-5　1980 〜 2000 年の世界各国の災害と災害死亡者数の年平均値

（資料：国連開発計画「世界報告書　災害リスクへの軽減に向けて――開発に課せられた課題」2004 年）

（図は、社会実情データ図録［http://www2.ttcn.ne.jp/honkawa/］より、上位 20 ヶ国を抜粋）

イラン、中国以外は低所得国か中低所得国である。

災害の種類をみるとエチオピアや北朝鮮、スーダン、モザンビークは、そのほとんどが干ばつによるものである。三位のバングラデシュでは台風の被害が最も多い。さらに、七位のイランはほとんどが地震によるものである。

表6-3　近年の自然災害による被災額のGDPが大きい事例

国名	年	災害種別	被害額 (10億ドル)	被災年GDP (10億ドル)	被害額/GDP (%)
モンゴル	2000	寒波	0.88	0.91	92
ケイマン諸島	2004	ハリケーン	3.43	1.60	214
グレナダ	2004	ハリケーン	0.89	0.44	204
モルディブ	2004	津波	0.47	0.75	62
ガイアナ	2005	洪水	0.47	0.79	59
ガイアナ	2006	洪水	0.17	0.82	21
タジキスタン	2008	異常気温	0.84	3.72	23
ハイチ	2010	地震	8.00	6.48	123
チリ	2010	地震	30.00	171.96	17
タイ	2011	洪水	40.00	318.52	13
サモア	2012	サイクロン	0.13	0.64	20

GDPは災害発生年前年の値を使用。

EM-DAT: The OFDA/CRED International Disaster Database - www.emdat.be.Université Catholique de Louvain. Brussels (Belgium) の資料をもとに内閣府作成。

（内閣府『平成21・26年版　防災白書』より）

2　開発途上国における災害被害額とGDP

開発途上国では、災害時の被害額が少ないということは先にみたとおりであるが、だからといってダメージが少ないということではまったくない。大災害が起こると国家を揺るがすことになる。なぜならば、一度の災害による経済被害額がその国の年間GDPを超える場合があるからだ。表6‐3をみてみよう。

たとえば、二〇〇四年のハリケーン・アイバンによってカリブ海の島々は大きな打撃を受けた。その際のグレナダやケイマン諸島（イギリスの海外領土）の経済被害はGDPの二倍以上にも及んでいる。二〇一〇年の地震によってハイチは大きな打撃を受け、その際の経済被害はGDPの一・二倍以上にも及んでいる。二〇〇〇年のモンゴルにおける寒波は、多くの家畜が死亡し、その経済被害はGDP

の九二パーセントであった。また、二〇〇四年のインド洋地震津波によるモルディブの被害額はＧＤＰの六〇パーセントを超えている。さらに、二〇〇五年のガイアナの洪水は国民の半数以上が影響を受けたが、その経済被害も六〇パーセント近くに及んでいる。ここまで極端ではなくても、開発途上国のような経済規模の小さな国は、社会が脆弱なため海外からの支援がなくては立ち直れないほどの被害をうけることになる。ちなみに、阪神・淡路大震災の時の経済被害額は約九・六兆円であり、当時のＧＤＰが四九六兆円であるから、ＧＤＰの一・九パーセント程度である。被害総額がたとえばグレナダの被害額よりも一〇〇倍以上にもかかわらずＧＤＰは一万倍程度あるため、国としては災害復旧・復興に自力で手が尽くせたのである。なお、東日本大震災の際の被害額は約一六兆九〇〇〇億円にもなり、ＧＤＰ比は三・五パーセントにのぼった。

［4］災害リスクと開発

1　ミレニアム開発目標（ＭＤＧｓ）と持続可能な開発目標（ＳＤＧｓ）における防災

国連開発計画（ＵＮＤＰ）では、自然災害リスクと人間開発の過程とは密接に関連しており、「災害による開発の阻害」と「開発による災害リスクの増大あるいは軽減」の二つの側面があるとされる。とくに、開発途上国では、国連の「ミレニアム開発目標（ＭＤＧｓ）(3)」との関連で問われる。

まず、「災害による開発の阻害」についてであるが、開発途上国では、災害は人々の命を奪い、生活を破壊し、インフラや建物を奪う。そして、前節でみたように国自体のダメージが大きいため、国の財政を圧迫し、政治を不安定化させ、国民の生活の再建の道を閉ざし、健康被害を拡大させ、環境を悪化させるなど多方面にわたり相乗的に影響して損失を増大させるのである。具体的には、災害は、ミレニアム開発目標（ＭＤＧｓ）の貧困や飢餓の撲滅、教育の普及、感染症の蔓延防止、保健サービス、安定した住居や安全な水などを遅らせ、それに関連した経済的投資まで頓挫させてしまうことになる可能性がある。

次に、「開発によるリスクの増大あるいは軽減」についてであるが、これはミレニアム開発目標の各目標への取り組みが自然災害に対する人間の脆弱性を増大してしまう可能性をもっていると同時にそれを軽減できる可能性も持っているということである。どちらになるかは、各目標の達成に向けてのプロセスにかかっている。たとえば、急速な都市化は往々にして災害リスクを生むことになる。つまり、不法に形成されたスラムは、災害に弱い家屋や河川の氾濫や土砂崩れなどの危険地域への建設、矮小で入り組んだ道路などにより、人々を災害の危険にさらすことになる。また、農村部においても、グローバル化に対応して生産力、競争力を高めるために環境破壊が進み、気候変動とも相まって災害リスクが増大している地域が多くある。それらに対して、災害リスクの軽減を組み込んだ計画的な開発が進めば、それが持続可能な開発へとつながるのである。そのためには、開発政策立案者が、持続可能な開発計画を作成する際に、当初から予期される災害リスクの軽減を盛り込んだ開発計画にすることが肝要である。このことが中長期的な災害リスクの軽減につながるのである。また、現在すでにある災害リスクを軽減するための対策を実施することで、今起こり得るリスクを少しでも軽減することに努力すべきである。

このＭＤＧｓの考え方は、国連によって策定され二〇一六年からスタートした「持続可能な開発目標（ＳＤＧｓ）」[4]により明確に打ち出されている。ＳＤＧｓは、ＭＤＧｓの後継施策であり、ＭＤＧｓが達成できなかったことを全うし、経済成長だけが貧困の解決とはいえないという新しい認識のもとで不平等や格差の問題を解決していこうという行動計画である。そのなかには、ＭＤＧｓには記されていない防災に関する内容も取り上げられており、災害をいかに軽減させていくかが、これからの世界の課題のひとつである。

2　開発途上国の災害に対する脆弱性

国連開発計画（ＵＮＤＰ）の調査によると世界の自然災害による死亡者のうち、九四パーセントが地震、台風、洪水、干ばつの四種類に起因している。[5]

地震は、毎年平均で約一億三〇〇〇万人がそのリスクにさらされている。相対的脆弱性（死亡者数を被災者数で割った数値）は、イラン、アフガニスタン、インドなどが高く、都市人口の多いトルコやロシア連邦も高い相対的脆弱性を示している。

台風の被災者は年平均で最大一億一九〇〇万人にのぼる。台風の多い地域のなかでも開発途上国が高い相対的脆弱性を示している。

洪水は、九〇ヶ国以上、約一億九六〇〇万人が年一回は被害にあっている。高い脆弱性は多くの国でみられ、地球規模の気候変動によってさらに悪化する可能性が高い。

干ばつについては、約二億二〇〇〇万人が毎年被害を被っており、アフリカ諸国の脆弱性が最も高い。

国連開発計画の調査の結果、どの種類の災害についても小国は常に相対的被災水準が高く、台風についてはとくに相対的脆弱性が高い。したがって、開発途上国では、この四つの災害に対しての対策が優先されなければならない。

しかし、開発途上国では、経済的な制約により、防災対策に予算を配分することが困難である。そのため、災害時に大きな被害を引き起こし、さらなる貧困を生んでいる。一方、無秩序な土地利用や環境破壊などの人間活動が災害リスクを増大させているという面もある。

開発途上国における災害リスクの増大を断ち切り、持続可能な開発を確保していくことは、グローバル化した国際社会の安定に寄与することにつながる。

〔5〕国際防災協力

1　国際協力の意義

国際協力をなぜするのか、ということについては、安全保障上の問題や経済問題などさまざまな理由があるが、最大の理由は、人道的支援である。人道的支援とは人道主義、つまり人間愛の立場からすべての人々の幸福や安定した生活を図ろうとする考えに基づいて行う支援である。したがって、災害や紛争、貧困などで人が困っている時に手を差し伸べることであり、自分が裕福だとか、時間に余裕があるから行うというものではなく、自分の心の奥から湧きあがる熱い気持ちや使命感、あるいは良心によって突き動かされての行為である。

外務省は、人道支援を「人道主義に基づき人命救助、苦痛の軽減及び人間の尊厳の維持・保護のために行われる支援をいう。難民、国内避難民、被災者といった最も脆弱な立場にある人々の生命、尊厳及び安全を確保し、一人ひとりが再び自らの足で立ち上がれるよう自立を支援することがその最終的な目標である[6]」と規定している。

さらに、「このため我が国としては、人道支援は、緊急事態への対応だけでなく、災害予防、救援、復旧・復興支援等も含むものとして認識している」[7]と述べ、その範囲を緊急対応だけでなく、予防、復旧・復興支援も含めて捉えている。

２　日本による国際防災協力

わが国の国際防災協力の中核を担うのは、やはり国際協力機構（ＪＩＣＡ）である。[8]ＪＩＣＡは、日本政府の開発途上国支援を一元的に実施する機関である。世界、おもに開発途上国が抱える教育、保健医療、水資源、ガバナンス、平和構築、農村開発、自然環境保全、地域開発、都市開発、貧困撲滅、気候変動、防災、栄養改善など、さまざまな課題に取り組み国際社会に貢献することをめざし、日々活動している。その活動のひとつが防災である。ＪＩＣＡにおける防災は、事業・プロジェクトとして防災予防と復旧・復興活動を実施している。緊急援助については次節で述べるが、国際緊急援助として別枠で行っている。

ＪＩＣＡの防災分野の協力の基本的な考え方は、二〇一五年の「仙台防災枠組 二〇一五―二〇三〇」「仙台防災協力イニシアティブ」を踏まえ、先に述べたＳＤＧｓを実現していくためのものである。具体的には、ＳＤＧｓの目標11の次の二つのターゲットである。[9]

11.5　二〇三〇年までに、貧困層及び脆弱な立場にある人々の保護に焦点をあてながら、水関連災害などの災害による死者や被災者数を大幅に削減し、世界の国内総生産比で直接的経済損失を大幅に減らす。

11.b　二〇二〇年までに、包含、資源効率、気候変動の緩和と適応、災害に対する強靱さ（レジリエンス）を目指す総合的政策及び計画を導入・実施した都市及び人間居住地の件数を大幅に増加させ、仙台防災枠組二〇一五―二〇三〇に沿って、あらゆるレベルでの総合的な災害リスク管理の策定と実施を行う。

これらのターゲットを実現していくためにＪＩＣＡが掲げるのが「防災の主流化」である。災害による被害を軽減していくためには、事後対応だけでなく事前に積極的な対応の必要があるとし、①政府が防災を国家の優先課題と位置付けること、②防災の視点をあらゆる分野の開発に取り入れること、③災害対策への事前投資を拡大すること、の三つをあげており、防災を対処療法としてではなく開発を持続的に進めていく戦略として捉えている。

このような観点からの支援活動は、すでに「タイ国防災能力向上プロジェクト」や「カリブ海災害管理プロジェクトフェーズ２」などで実施されている。

防災分野については、わが国は過去の度重なる大規模災害の経験と教訓、社会倫理観の高さから醸成されてきた共助を中核とした防災計画や、最も得意分野である科学技術力の高さによる最先端の耐震技術やシステム開発など、国際社会の安定と持続的な開発に貢献できる分野であり、その活躍が期待される。

［6］国際緊急援助

国際緊急援助は、災害支援のうち直接命を救う援助であり、災害時の緊急援助である。おもに開発途上国で起こった大規模災害時の人命救助や治療のための活動が中心となる。

写真 6-1　関東大震災

1　わが国が諸外国から受けた人道支援

わが国の国際緊急援助について論じる前に、わが国自体が海外から災害時に支援を受けたことについてみておこう。なぜならば、私たち日本は災害のたびに海外から人道的な緊急支援を受けてきたのだ。

まず、一九二三年九月に起きた関東大震災ではマグニチュード七・九を記録し、死者・行方不明者一〇万五千人余、住家全壊一〇万九千余、焼失二一万二千余の甚大な被害を出したが、日本は世界各国から多くの支援を受け復興を遂げたのだ。その数は五十数ヶ国にのぼる。当時、世界には五七ヶ国しか独立国がなかったのでほとんどの国から支援を受けたことになる。とくにアメリカからは、官民挙げての迅速かつ大規模な支援の手が差し伸べられた。震災直後からアメリカ大統領は、大統領令でアジア艦隊に救援物資を日本に届けるように指示し、義捐金の呼びかけをラジオを通じて全国民に行ったのだ。その結果約七四〇万ドルもの義捐金や毛布、食料などの支援物資が日本に送られた。また、イギリスやカナダ、中国、タイなどが、先進国、開発途上国関係なく支援金や支援物資を

表 6-4　阪神・淡路大震災時の海外支援

国・地域	支援の内容
アメリカ	在日米軍を通じ毛布、飲料水、簡易ベッド等、地震専門家の来日、救援物資の輸送、テント、設営人員
スイス、フランス	救助隊員及び捜査犬
メキシコ、タイ、韓国、豪州、ブルネイ、中国、モンゴル、英国、ヨルダン、カナダ、ドイツ、ニュージーランド、ロシア、スリランカ、エジプト、インド、インドネシア、ルーマニア、チュニジア、スロベニア、パキスタン、バングラデシュ、ネパール、アルジェリア	食料品、飲料水、衣料、毛布、テント、その他各種救護物資
中国、カナダ、カンボジア、イタリア、バヌアツ、ジブチ、アイルランド、北朝鮮、台湾、トンガ、ベルギー、ツバル、西サモア、クウェート、パラオ、フィジー	義援金
フィンランド	携帯電話
スウェーデン	国家救難庁関係者の来日

（内閣府『平成７年版 防災白書』より）

送ってくれたのである。

　また、阪神・淡路大震災の際も世界六七ヶ国から義捐金や支援物資の提供を受け、さらにスイスやフランスなどからレスキュー隊による救助や救援活動の支援を受けたのである（表６‐４）。この際も先進国に限らず、カンボジアやフィジー、ネパールなどの開発途上国からも多くの支援があった。とくに、モンゴルは震災五日後に副首相が支援物資を届けるとともに見舞いに駆けつけてくれたのである。[10]

　そして、記憶に新しい東日本大震災では、二八の国と地域、国際機関が被災地に入り救助や救援活動を実施したのだ。また、七九の国や地域から義援金を受け、五一の国や地域、国際機関から水や食料、毛布などの救援物資を受けた。とくに、在日米軍により人員約二万四五〇〇名、空母をはじめとする艦船二四隻、航空機約一八九機を投入した大規模な活動が行われた。いわゆる「トモダチ作戦」である（写真６‐２）。捜索救助活動や人道支援物資の輸送・提供、障害物除去、仙台空港の復旧、ＪＲ仙石線の瓦礫撤去作業、さらには福島第

写真6-2　東日本大震災「オペレーション友達」
（提供：U.S. Navy/アフロ）

一原発の支援として防護服、消防車、ポンプ、大型放水ポンプ、ホウ素などの提供が行われ、食糧品など約二八〇トンならびに水約七七〇万リットル、燃料約四・五万リットルの配布なども実施されたのである。(11)

このように大きな災害のたびに、わが国は世界中から支援を受けてきた。それは、支援する側が先進国ということに限らない。多くの開発途上国も、貧富の差や政治的困難とは別に人道的支援活動として、わが国の災難を支援してくれてきたのである。しかも、相手国政府だけではなく、多くの民間組織や個人も支援の手を差し伸べてくれたのである。

大規模災害や戦争のダメージにもかかわらず、わが国のここまでの復興・発展は、日本国民の絶え間ない努力によるものである。しかし、それも海外の多くの国や国際機関から支援があってのことである。決して日本だけの力ではない。先進国に上り詰めた今、開発途上国への支援をいかに考えるかが、日本が真の意味での先進国か、二流の国家かを問われることになる。自国のことだけを考えている国家は、先進国とはいえない。この評価は、海外からの評価というよりは、日本人一人ひとりが自分自身としてどうあるべきかという内省的評価として考えることが重要である。

2　緊急援助の基本方針

緊急援助には、四つの基本的な指針がある。一つ目は、「救援活動の迅速化」である。一般的に被災してから七二時間以内の救命処置が大切であり、これを超えると救命率は著しく低下する。二つ目は、「救援ニーズの把握」である。正しい情報を迅速に収集し、被災地で何がどこで求められているかを把握した上で現地に入る必要がある。三つ目は、「現地主義の徹底」である。現地の文化、宗教などに即した活動でなければならない。四つ目は、「後方支援体制の整備」である。実際に救出、医療活動をするためには、ロジステックスが不可欠であり、コーディネータや経費、移動手段、機材運搬などをいかに効率よく、迅速に行うかが緊急援助の成否のカギを握っている。

これらの活動は、政府が行うものと地方公共団体や企業、ＮＧＯ、個人で行うものがある。そのなかで海外での緊急援助を前提として作られ活動している組織をもつのは、おもに政府とＮＧＯである。ＮＧＯでは、国際的には赤十字や国境なき医師団が有名であるが、わが国においてもアムダ（ＡＭＤＡ）やピース・ウィンズ・ジャパンなど数多くの組織が活発な活動を行っている。

3　日本政府における国際緊急援助

わが国の政府が行う国際緊急援助活動は、外務省とＪＩＣＡが中心となる。活動形態については、人的援助、物的援助、資金援助がある（図６‐６）。

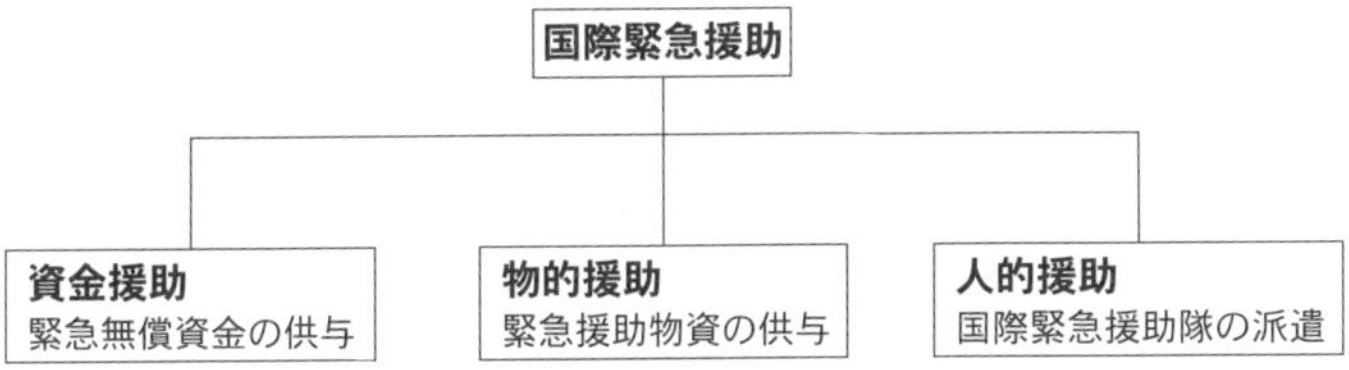

図 6-6　日本の緊急援助の体制

人的援助とは、被災者を救出したり、災害による負傷や病人を治療したり、また災害対策の方法や復旧や復興にむけた助言や指導をするための人を派遣することであり、外務大臣の命令に基づきＪＩＣＡが行う。これについては、次項で詳しく述べる。

物的援助は、被災地域の人々のために当面の生活に必要な物資を送ることであり、外務省の要請に基づいてＪＩＣＡが実施する。緊急援助物資は、被災直後に最もニーズの高いとされる、テント、スリーピングパッド、プラスチックシート（ビニールシート）、毛布、ポリタンク、浄水器、浄水剤の七品目を被災地のニーズに合せて提供している。一刻も早く届けるために、ＪＩＣＡは、緊急支援物資をシンガポール（シンガポール）、マイアミ（米国）、ドバイ（ＵＡＥ）、アクラ（ガーナ）にある四ヶ所の倉庫に持っており、被災地に最寄りの備蓄倉庫から被災者のもとに届けている。

資金援助は、被災地や被災者の救済や復旧、復興に必要な資金を供与することであり、外務省が行う。

4　国際緊急援助隊

ここでは、わが国の災害時における国際支援の中核をなす国際緊急援助隊についてみていきたい。筆者自身、国際緊急援助隊の隊員であり、また研修の講師も務めているが、そのミッションの重要性は計り知れないほど重いものである。

写真 6-3　アルジェリア地震
（国際緊急援助隊医療チームサイト・筆者撮影）

全世界に対して日本政府が誇れる活動のひとつに、災害時における国際緊急援助隊による開発途上国への緊急援助活動があげられると思う。困っている人、窮地に陥っている人を助けようという人間としての基本的な倫理観に基づいて、地球的視野にたち、国境や民族、思想などを超え、速やかに援助する姿は、理屈抜きに意義がある。

わが国の国際緊急援助隊は、「国際緊急援助隊の派遣に関する法律」（通称ＪＤＲ法）に基づいて行われる開発途上国における災害救助組織である。現在、救助チーム、医療チーム、専門家チーム、自衛隊部隊があり、これらの四チームを災害の種類や規模、被災国の要請に応じて、単独あるいは複数のチームを組み合わせて派遣している[12]（表６-５）。

（1）救助チーム

被災地での被災者の捜索、発見、救出、応急処置、安全な場所への移送を主な任務としている。チームは、外務省、警察庁、消防庁、海上保安庁、ＪＩＣＡに登録している医療班、構造評価専門家、そしてＪＩＣＡの業務調整員で構成され、チャーター機の活用などにより、政府の派遣決定後、迅速に日本を出発する準備を整えている。

（２）医療チーム

メンバーは個人の意志で登録している医師、看護師、薬剤師、調整員の中から選ばれるのに加え外務省の職員やＪＩＣＡの業務調整員から編成される。隊の構成は、その時の災害や被災国のニーズにより、柔軟に対応できるよう体制を整えている。また、医療チームは国際緊急援助隊のなかで最も歴史が長く、派遣回数も最多である。

（３）専門家チーム

専門家チームは、建物の耐震性診断や、火山の噴火予測や被害予測など、災害に対する応急対策と復旧活動について被災国政府と協議・助言を行う。また新しい感染症に対して、被害の拡大を食い止めるため助言を行うこともある。チームは、災害の種類に応じて、関係省庁、地方自治体や民間企業の技術者・研究者などで構成されるほか、ＪＩＣＡからも業務調整員が帯同する。

（４）自衛隊部隊

大規模な災害が発生し、とくに必要があると認められるとき、自衛隊部隊が派遣される。自衛隊部隊は、艦艇・航空機を用いた輸送活動、給水活動、医療・防疫活動を行う。

国際緊急援助隊の事務局機能はＪＩＣＡ国際緊急援助隊事務局が担っている。

表 6-5　国際緊急援助実施件数

（「国際緊急援助隊の派遣に関する法律」施行以降の実績）2015 年 12 月 1 日現在

年度	人的援助（国際緊急援助隊の派遣）					物的援助		
	救助チーム	医療チーム	専門家チーム	自衛隊部隊（輸送業務を含む）	合計	援助物資の供与	民間援助物資の輸送	合計
1987（昭 62）	0	0	2	0	2	3	0	3
1988（昭 63）	0	4	2	0	6	12	0	12
1989（平 01）	0	2	0	0	2	7	0	7
1990（平 02）	2	2	2	0	6	14	0	14
1991（平 03）	1	7	1	0	9	19	0	19
1992（平 04）	0	1	2	0	3	18	1	19
1993（平 05）	1	1	1	0	3	18	0	18
1994（平 06）	0	0	1	0	1	14	0	14
1995（平 07）	0	0	1	0	1	16	0	16
1996（平 08）	1	1	0	0	2	24	0	24
1997（平 09）	0	0	4	0	4	18	1	19
1998（平 10）	1	4	1	1	7	29	1	30
1999（平 11）	2	5	3	1	11	22	0	22
2000（平 12）	0	3	0	1	4	11	0	11
2001（平 13）	0	0	0	0	0	9	0	9
2002（平 14）	0	0	2	0	2	22	0	22
2003（平 15）	2	2	2	1	7	15	0	15
2004（平 16）	1	8	4	2	15	29	0	29
2005（平 17）	1	3	0	1	5	19	0	19
2006（平 18）	0	1	1	1	3	15	0	15
2007（平 19）	0	0	1	0	1	22	0	22
2008（平 20）	1	2	0	0	3	23	0	23
2009（平 21）	1	3	1	2	7	14	0	14
2010（平 22）	3	2	4	2	11	15	0	15
2011（平 23）	0	0	5	0	5	19	0	19
2012（平 24）	0	0	0	0	0	17	0	17
2013（平 25）	1	3	2	2	8	16	0	16
2014（平 26）	0	1	3	2※	5	7	0	7
2015（平 27）	1	2	1	1	5	7	0	7
合計	19	57	46	16	138	490	3	493

（注：1999 年、2003 年の自衛隊部隊は輸送業務）
（※：うち 1 件は専門家チームとの混成）
（JICA　HP より）

●──文献

（1）世界銀行ＨＰ（http://www.worldbank.org/ja/news/feature/2014/01/08/open-data-poverty）
（2）国際労働機関ＨＰ（http://www.ilo.org/tokyo/areas-of-work/child-labour/lang-ja/index.htm）
（3）ミレニアム開発目標とは、国連で二〇〇〇年に採択された開発分野における国際社会共通の目標で、極度の貧困と飢餓の撲滅など、二〇一五年までに達成すべき八つの目標を掲げ、達成期限となる二〇一五年までに一定の成果をあげた。
（4）持続可能な開発目標とは、二〇一五年に国連で採択されたミレニアム開発目標の後継となる環境と開発問題に関する新たな世界目標である。期間は二〇一六年から二〇三〇年である。
（5）国連開発計画「世界報告書　災害リスクの軽減に向けて――開発に課せられた課題」二〇〇四年、参照
（6）外務省「我が国の人道支援方針」二〇一一年、一頁
（7）同前、一頁
（8）ＪＩＣＡ　ＨＰ
（9）「我々の世界を変革する：持続可能な開発のための二〇三〇アジェンダ」二〇一五年九月二五日第七〇回国連総会で採択（国連文書 A/70/L.1 を基に外務省で作成）
（10）外務省ＨＰ
（11）同前
（12）ＪＩＣＡ　ＨＰ

初出一覧

第1章　拙著「災害と日本人の精神性」『現代社会研究』第二号、二〇一六年、を修正・加筆したものである。
第2章　書き下ろし
第3章　拙著『Win-Win の社会をめざして——社会貢献の多面的考察』の第一章第五章第七章の一部分をもとに大幅に改編、加筆を行った。
第4章　書き下ろし
第5章　書き下ろし
第6章　拙著『開発教育実践学——開発途上国の理解のために』の第六章、第一一章の一部分をもとに大幅に改編、加筆を行った。

■著者紹介
前林清和（まえばやし・きよかず）
1957年生まれ。筑波大学大学院修士課程修了　博士（文学）
神戸学院大学現代社会学部社会防災学科教授
主な著作：
『東日本大震災ノート』（共著、晃洋書房、2012年)、『東日本大震災復旧・復興に向けて』（共著、晃洋書房、2012年)、『揺れるたましいの深層――こころとからだの臨床学』（共編著、創元社、2012年)、『開発教育実践学――開発途上国の理解のために』（単著、昭和堂、2010年)、『Win-Winの社会をめざして――社会貢献の多面的考察』（単著、晃洋書房、2009年)、『国際協力の知――世界でボランティアを志す人のために』（単著、昭和堂、2008年）など多数。

社会防災の基礎を学ぶ――自助・共助・公助

2016年4月25日　初版第1刷発行

著　者　前林清和
発行者　杉田啓三

〒606-8224　京都市左京区北白川京大農学部前
発行所　株式会社昭和堂
振込口座　01060-5-9347
TEL(075)706-8818／FAX(075)706-8878
ホームページ　http://www.showado-kyoto.jp

印刷　亜細亜印刷
装丁　[TUNE]常松靖史

ISBN 978-4-8122-1538-8
＊落丁本・乱丁本はお取り替え致します
Printed in Japan

前林清和 著
開発教育実践学
――開発途上国の理解のために
B5判・158頁・本体2500円＋税

開発教育とは開発途上国の問題を理解して解決をめざすための教育活動である。本書は、これから開発教育に携わる人のための入門書。授業や実践で使えるワークシート付き。

前林清和 著
国際協力の知
――世界でボランティアを志す人のために
A5判・224頁・本体2400円＋税

国際協力について知りたい、自分も実践したいという人のための入門書。なぜ国際協力が必要なのか？人間としてどう関わるのか？日本人として国際協力をする意義は？から説き起こし、著者の体験から現場の様子を伝える。

岩崎信彦・田中泰雄・林勲男・村井雅清 編
災害と共に生きる文化と教育
――〈大震災〉からの伝言（メッセージ）
A5判・298頁・本体2300円＋税

〈災害と共に生きる文化〉はいかに形成され継承されるのか？　阪神・淡路大震災の経験をきっかけに研究者、教育・行政関係者、NGO・ボランティアが結集。現場の努力と創意を掘り起こし、今後の社会にどう生かしていくかを考える。

金芳外城雄 著
神戸発　復興危機管理60則
四六判・208頁・本体2000円＋税

一九九五年一月の神戸。壊滅的な町の惨状から「生涯復興の歩み」を覚悟に、復興の第一線を走り続けてきた経験から紡ぎ出された六〇則。実践を通して社会に寄与するための考え方を論じる。